BRINQUEDOS ERÓTICOS

Como aproveitá-los ao máximo

ALICIA GALLOTTI

BRINQUEDOS ERÓTICOS

Como aproveitá-los ao máximo

Tradução
Sandra Martha Dolinsky

Copyright © Alicia Gallotti, 2007
Obra editada em colaboração com Ediciones Martínez Roca – Espanha
Título original: *Juguetes eróticos – Cómo sacarles partido y disfrutarlos al máximo*

Preparação: Paula B. P. Mendes
Revisão: Túlio Kawata
Ilustrações: José del Nido
Capa: adaptada do projeto gráfico original do Departamento de Design, Divisão Editorial do Grupo Planeta
Imagem da capa: age fotostock

Dados Internacionais de Catalogação na Publicação (CIP)
(Câmara Brasileira do Livro, SP, Brasil)

Gallotti, Alicia

Brinquedos eróticos : como aproveitá-los ao máximo / Alicia Gallotti ; tradução Sandra Martha Dolinsky. -- São Paulo : Editora Planeta do Brasil, 2011.

Título original: Juguetes eróticos.

ISBN 978-85-7665-639-5

1. Acessórios eróticos 2. Erotismo 3. Fantasias sexuais 4. Prazer 5. Sexo I. Título.

11-05181   CDD-613.96

Índices para catálogo sistemático:
1. Acessórios eróticos : Práticas sexuais : Guias   613.96

2011
Todos os direitos desta edição reservados à
EDITORA PLANETA DO BRASIL LTDA.
Avenida Francisco Matarazzo, 1500 – 3º andar – conj. 32B
Edifício New York
05001-100 – São Paulo-SP
www.editoraplaneta.com.br
vendas@editoraplaneta.com.br

SUMÁRIO

INTRODUÇÃO 11

DILDOS OU PÊNIS REALÍSTICOS 13
    Toque de realidade 15
    Toque de fantasia 17
    Uso anal 21
    Uso duplo 22
    Cintas 24
    Imaginação e algo mais 29
    Abertura social 32
    Dúvidas e jogos 34
    Comunicação 36
    Dúvidas mais frequentes 37

VIBRADORES 39
    Prazer mascarado 40
    Memória sensual 41
    Moles e duros 43
    Tamanhos e formas para gozar 45
    Vibradores vaginais 48
    Duplo estímulo 51
    Jogos anais 53

Elas: prazer e naturalidade 56
Eles: gozos e sombras 60
Dúvidas mais frequentes 61

ALIADOS DA MASTURBAÇÃO 63
Romper tabus 64
Descobrir sensações 65
Miniaturas não fálicas 67
Borboletas sensuais 69
Objetos para brincar 73
Dedos e luvas vibratórias 75
Objetivo: clitóris 79
Estimuladores de mamilos 81
Brinquedos para ele 82
Pontos sensíveis 84
Dúvidas mais frequentes 86

BRINQUEDOS INFLÁVEIS 89
Nascidas para excitar 90
Reais e articuladas 93
Funções especiais 96
A fantasia também existe 98
Bonecos e pênis 99
Sozinho ou a dois 104
Questão de liberdade 106
Móveis infláveis 107
Dúvidas mais frequentes 109

COMPLEMENTOS DO PRAZER 111
Mudança de imagem 112
Cores e sabores 114

A revolução do plástico 118
　　Quadrados de látex 119
　　Anéis penianos 120
　　Anéis vibratórios 123
　　Dúvidas mais frequentes 127

BOLAS DO PRAZER 129
　　Bolas chinesas 130
　　Tamanhos e materiais 131
　　Controle remoto 135
　　Pérolas tailandesas 136
　　Solitárias e acompanhadas 140
　　Dúvidas mais frequentes 142

COSMÉTICOS E ESTIMULANTES 145
　　Lubrificantes para ele e para ela 146
　　Estimulantes para o pênis e o clitóris 151
　　Pós e óleos eróticos 153
　　Massagens com paixão 155
　　Sais relaxantes 159
　　Dúvidas mais frequentes 161

ROUPA ÍNTIMA E FANTASIA 163
　　Lingerie para ela 164
　　Conjuntos para seduzir 167
　　Roupa íntima para ele 169
　　Roupa íntima com sabor 171
　　Plumas, meias e complementos 175
　　Fantasias 177
　　Dúvidas mais frequentes 182

SUMÁRIO

10

BRINQUEDOS SADOMASOQUISTAS 185
   Algemas e tornozeleiras 186
   Máscaras 190
   Mordaças e amarras 193
   Uma estética especial 195
   Complementos sensuais 197
   Pinças para mamilos 201
   Acessórios eróticos 202
   Dúvidas mais frequentes 204

INTRODUÇÃO

Os adultos também brincam. E essa é uma boa notícia. Após séculos e séculos de sexo sórdido, inconfessável, habitante das catacumbas da sociedade, o século XXI parece começar a mudar esses valores.

Existe uma nova visão da sexualidade sob o foco lúdico: é o resultado, sem dúvida, de uma série de fenômenos que transformam o caráter social já há algumas décadas. O principal é o impulso da mulher, sua participação ativa, decidida e cada vez maior em uma distribuição mais equitativa do prazer. A fase dos orgasmos atrasados, dos temores profundos e eternos está no bom caminho da superação. O sigilo sobre o sexo – que não se deve confundir com discrição e intimidade – perde terreno. E há cada vez mais homens que veem as mudanças pelo lado positivo, pelas coisas boas que lhes proporcionam: mais satisfação, relações mais completas e divertidas. E mais abertas também. Do mesmo modo, costuma-se associar a esse processo a fabricação de objetos que contribuem para que o sexo mais livre conte com elementos que ajudem o jogo a se propagar.

A indústria, as lojas especializadas mais modernas – seja em redes que se instalam nas ruas mais concorridas, seja na internet – contribuem com a sua imaginação para reinventar brinquedos eróticos, renovar seu espírito e contagiá-lo com esse ludismo essencial que marca a tendência social.

Levamos muitos séculos para nos livrar do jugo da moral hipócrita que reservava o prazer só para poucos. Já é hora de todos brincarmos.

Vibradores sensuais, roupas íntimas audaciosas e sexies, preservativos com sabor, práticas íntimas sadomasoquistas com brinquedos light mais divertidos e mais seguros, novos materiais mais quentes, suaves e generosos com as múltiplas sensações especiais que proporcionam. E isso é só uma amostra desse novo mundo que se abre.

Trata-se de uma grande brinquedoteca para adultos que se exibe sem pudor. Para entrar nela, é preciso ter informação e atrevimento. Este livro pretende justamente fornecer o máximo de informações para orientar o leitor a usar a grande variedade de brinquedos existentes, a fim de aproveitar todas as suas possibilidades eróticas. Para que cada homem e cada mulher descubram sem culpas esse novo e divertido território do prazer, cheio de cores, e que esqueçam os pudores e as inibições. E que se atrevam.

Na intimidade tudo é permitido. Tudo que proporcione prazer e seja da vontade de ambas as partes. Para que essa receita dê certo, os brinquedos desempenham um papel importante. Eles dão esse toque de frescor, de espontaneidade, que colabora para ampliar e renovar os horizontes do gozo e combater o tédio e a preguiça, inimigos de uma vida sexual plena.

DILDOS OU PÊNIS REALÍSTICOS

O falo tem sido um símbolo de força e sobrevivência. Em todas as civilizações e desde a história antiga, sempre se prestou culto a ele. Em sítios arqueológicos das mais diversas culturas foram encontradas provas dessa adoração: estatuetas, bastões, colunas, obeliscos... Dos maoris até os maias, dos celtas até os dogons. Várias esculturas revelam o uso que se fazia desses objetos na China, no Japão e na Índia. Ao redor do Mediterrâneo, algumas civilizações expressavam no tamanho da peça sua homenagem: há pouco mais de 50 anos, foram descobertos na ilha de Córsega monumentos fálicos de até três metros de altura, erguidos quatro mil anos atrás.

Todas as culturas, passadas e contemporâneas, reservaram uma parte de suas crenças ao falo como símbolo do sexo: pela fertilidade ou pelo prazer. Na Grécia antiga cultivava-se essa segunda opção. São daquela época as primeiras provas: peças cilíndricas de pedra, madeira ou couro tinham como inspiração um pênis, e sua função era similar. Chamavam-se *olisbos* e não tinham apenas um valor simbólico; eram utilizados como objetos para dar e receber prazer: substituíam ou complementavam o pênis e facilitava-se a penetração vaginal ou anal untando-os com azeite de oliva. É curioso, mas embora se atribua ao falo um ancestral tom machista, não está documentado que nessa época fosse utilizado só por mulheres, e menos ainda que se priorizasse uma única preferência sexual.

Muitos séculos mais tarde, após o obscurantismo da Idade Média, tudo continuou igual. Durante o Renascimento ressurgiram (mas não parece que tenham desaparecido antes) esses objetos fálicos do prazer que, acredita-se, os italianos batizaram como *diletto* (deleite) e que, mais tarde, transformou-se na palavra "dildo", usada atualmente.

Existe uma versão inglesa que parece mais satisfatória como explicação da origem do termo. Dildo era o nome dado a uma espécie de pau de madeira, de forma fálica, guardado em um buraco no costado das pequenas embarcações de pescadores para preservar os remos. Sua forma era muito semelhante à dos brinquedos modernos, que, segundo se acredita, emprestaram o nome dessa ferramenta marinha, cuja denominação se associa ao povo de Dildo, na ilha de mesmo nome que fica em Terranova, no Canadá.

Já no século XIX, a descoberta do uso industrial da borracha mudou os hábitos. O material, flexível e com maiores propriedades para conservar calor, deu uma guinada na fabricação: o popularmente chamado "consolo" ampliou suas possibilidades a partir desse momento.

TOQUE DE REALIDADE

Hoje, o enorme avanço tecnológico abriu ainda mais esse leque de possibilidades. Existem dildos de materiais duros e simbólicos, como o cristal e o granito, ou sugestivos, como a madeira ou o metal (alumínio ou aço), que geram diferentes sensações. Por exemplo, os de titânio prateado ou cromado, junto com um lubrificante, garantem uma fricção mais suave, para quem assim preferir. Porém, do final dos anos 1980 em diante, impuseram-se aqueles elaborados com materiais elásticos, herdeiros da primitiva borracha, por conta das exigências do mercado e das enormes possibilidades que oferecem. O silicone, o *jelly* ou o plástico, em suas diversas variedades de flexibilidade, permitiram que os dildos tivessem preços mais acessíveis, visto que esses materiais são mais baratos que os tradicionais e também, na maioria dos casos, hipoalergênicos. A única exceção é o látex. Os dildos fabricados com esse material ou recobertos por uma camada superficial dele podem provocar reações alérgicas em algumas pessoas.

Todos eles, um pouco mais ou um pouco menos maleáveis, permitem reproduzir com mais realismo as formas, texturas e cores dos pênis verdadeiros: desde a pele rugosa e elástica, com sua esponjosidade característica, até as detalhadas curvas da glande ou o relevo das veias. Variam em tamanho, oscilando, em geral, entre 14 cm e 20 cm de comprimento e entre 3 cm e 5 cm de diâmetro. No entanto, a imaginação dispara quando se buscam variações para provocar diferentes sensações. Alguns modelos têm uma base que imita o escroto e os testículos, ao passo que outros, mais práticos, dispõem de uma ventosa que permite aderir o objeto a qualquer superfície e utilizá-lo para uma penetração sem as mãos. Assim como nos humanos, os formatos da glande costumam ser diferentes e, principalmente, o corpo do objeto apresenta, conforme os modelos, formas e espessuras variadas: a textura de alguns reproduz as veias acentuadas de um pênis em ereção; outros têm aros de silicone ou plástico que formam uma espécie de serra ao longo do dildo para provocar mudanças na estimulação; há ainda combinações de flexibilidade, que permitem a rigidez suficiente para a penetração, e elasticidade, necessária para dobrá-los até encostar a glande nos testículos artificiais.

> **Alguns dildos têm uma base que imita o escroto e os testículos, ao passo que outros dispõem de uma ventosa para aderi-los a qualquer superfície.**

Entre os dildos mais sofisticados estão os que reproduzem pênis reais em forma e cor, com um acréscimo que os torna ainda mais convincentes: dispõem de uma superfície flexível que se assemelha ao prepúcio, podendo subir e descer. Além disso, as combinações de gel e silicone têm a propriedade de absorver muito rapidamente a temperatura corporal tanto com o tato quanto durante a penetração.

TOQUE DE FANTASIA

De qualquer maneira, há dildos para todos os gostos. Porque não só os realísticos se impõem; também há lugar para fantasias: formatos cilíndricos, mas com diversas aparências, além de entalhes e relevos com uma estética abstrata que não se parece em nada com um pênis humano, mas que cumpre a mesma função. E essa função, *a priori*, é a penetração. Nesse jogo de imaginação entram cilindros metálicos polidos, finos e pesados, para causar uma sensação oposta à de um pênis real, e outros modelos nos quais o que se impõe é a cor: desde o preto sugestivo, que desperta fan-

Se um dildo entra com dificuldade na vagina ou no reto, não convém forçar seu uso. Também não é adequado utilizá-lo quando se tem alguma ferida na vagina ou no reto. Os objetos podem transmitir doenças com a carga de fluidos que transportam. Quando houver alguma dúvida, é melhor utilizar preservativo para cobrir o dildo e trocá-lo sempre que necessário.

De uma perspectiva lúdica, os jogos sexuais com dildos vão além da penetração: podem ser chupados ou usados para acariciar todas as zonas erógenas.

tasias muito particulares, até aqueles festivos, de cores vivas e transparentes. Dessa perspectiva lúdica, os jogos sexuais com os dildos vão além da penetração. Podem ser chupados, em uma cena de felação, ou também é possível acariciar com eles as diversas zonas erógenas do corpo, em uma lenta demonstração sensual, para estimular o amante. Na liberdade total que só se pode experimentar em momentos de máxima excitação e intimidade, quando tudo é permitido, o homem também pode participar desse jogo para que se percebam as novas sensações de chupar um pênis.

Era vermelho, firme, mas deliciosamente macio. Quando ela passava seus dedos por cima, podia sentir o relevo daquelas veias simuladas, excitantes, e a forma inequívoca da glande brilhante. Era sua primeira vez com um pênis de mentira... e queria aproveitar. Ele a beijou, tirou docemente o brinquedo da mão dela e assumiu o controle. Aproximou lentamente o dildo do rosto dela e roçou suas faces com leveza. Ela sentia aumentar o desejo que aquele jogo gerava. Até que ele o encostou nos lábios dela, que se juntaram em volta daquele falo com aparência de brinquedo, de guloseima... Lambia-o com delicadeza, colocava-o na boca e sentia o suave silicone adquirir a temperatura de seu corpo, cada vez mais alta. Ele o tirou de sua boca e percorreu a pele do pescoço até os seios dela, parando para brincar com seus mamilos. Os olhos dela permaneciam fechados e a boca entreaberta indicava uma agitação crescente. Enquanto isso, o brinquedo vermelho parecia ter vida própria e fazia seus mamilos aumentarem apenas com o toque. Com lentidão premeditada, ele percorreu o contorno de seus seios como se estivesse desenhando sua silhueta com um grande lápis. Imaginava que aquele dildo era de carne e estava ereto para ela e por causa dela. Por um momento, sentiu uma coceguinha diferente quando o falo deslizou por sua axila e pela pele sensível da parte interna do antebraço. Esse jogo retardava o que sua paixão lhe pedia: que tornasse a sentir sua textura no abdome e no umbigo, e que descesse, descesse pela virilha e o monte de Vênus, e se enroscasse em seus pelos púbicos. Já não podia se conter, e ouvia os próprios gemidos como se fossem um anúncio que a convidava a mais. Ele levantou uma das pernas dela e a apoiou em seu ombro, depois abriu com uma mão os lábios inflamados e úmidos de sua vulva e dirigiu-se ao clitóris. Por entre as pernas abertas o dildo seguiu a única rota que sua mente queria. Ela arqueou as costas e o falo vermelho começou a esfregar seu botão de prazer, enquanto sua excitação a levava a um caminho sem volta. Ele o movia de cima a baixo, de lado a lado, e fazia círculos, para variar o estímulo. Ela respondia mexendo a cabeça, emitindo sons e mordendo os lábios. Instantes depois, o dildo se perdeu entre as dobras brilhantes

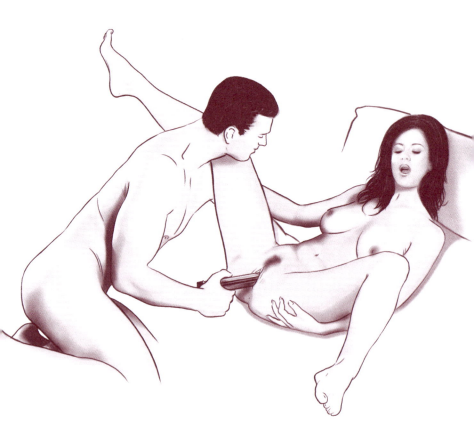

BRINQUEDOS ERÓTICOS

de seu sexo para dentro de sua vagina. Enquanto isso, seus quadris se levantavam da cama de maneira rítmica, repetidamente, cada vez mais rápido.

USO ANAL

Alguns dildos foram projetados especificamente para a penetração anal. Existem diversos modelos voltados para a iniciação, com corpos uniformes e finos, e eles geralmente são lisos e cilíndricos para que a introdução seja fácil e sem impedimento. Porém, à medida que a experiência se mostra prazerosa, multiplicam-se as alternativas para encontrar novas sensações. Por exemplo, há aqueles que têm várias ondulações que permitem uma penetração com estímulos diferentes: cada centímetro introduzido dá uma nova percepção, pois as partes finas se alternam com as grossas, que atritam mais intensamente as terminações nervosas. Essa forma permite, ainda, que o dildo não seja expulso pelo movimento reflexo do esfíncter, de modo que possa ser deixado dentro do ânus enquanto se compartilham as sensações com outros jogos sexuais simultâneos.

> **A higiene é** muito importante na hora de usar dildos. É bom não usar a mesma peça para penetrar o ânus e a vagina, e também não é recomendável que os dois membros do casal usem o mesmo brinquedo durante uma relação sem lavá-lo antes. Também é necessário guardá-los limpos: a maioria pode ser higienizada com água e sabonete com pH neutro, para eliminar fluidos e restos de lubrificantes que podem afetar a composição do material. No caso específico do dildo de *jelly*, se for usado quando houver algum tipo de fungo ou bactéria na vagina, é recomendável descartá-lo e comprar outro.

Algo similar acontece com modelos de design não realístico, em forma de cone, que vão crescendo para abrir um pouco mais o esfíncter anal à medida que são introduzidos. Parecidos com esses modelos são os chamados *plug*, uma espécie de tampão anal, em geral curto, cuja espessura vai aumentando da ponta até a base. Podem ser utilizados como um dildo comum para gozar com a penetração, deixá-lo dentro e prolongar o prazer, ou também como um dilatador para facilitar a posterior penetração durante o coito anal. Esses objetos são utilizados tanto por homens quanto por mulheres e nas combinações de relações que cada um deseje, de acordo com suas preferências sexuais.

USO DUPLO

Os dildos duplos, erroneamente associados somente a práticas de sexo lésbico, têm muitas aplicações. Uma delas é justamente permitir não só o prazer individual, como também o de casais heterossexuais ou do mesmo sexo. Também há categorias entre esses modelos de uso duplo. Os de 30 cm de comprimento, feitos de materiais cuja elasticidade é limitada, podem ser utilizados na penetração simultânea de duas vaginas durante o sexo lésbico ou de dois ânus em uma relação homossexual masculina. Mas seu uso está liberado também para todas as múltiplas combinações que a imaginação descobrir.

Os elaborados com materiais de maior flexibilidade como o *jelly*, embora tenham uma parte interna mais dura, podem ser utilizados para uma dupla penetração individual de vagina e ânus.

Existem dildos que já são preparados para favorecer essa função: têm forma de U, e um dos corpos é menos grosso que o outro, para facilitar uma penetração anal mais relaxada, simples e indolor com a ajuda de um lubrificante adequado. Entre esses modelos destaca-se

Existem dildos não realísticos, em forma de cone, que vão crescendo para abrir um pouco mais o esfíncter anal à medida que são introduzidos.

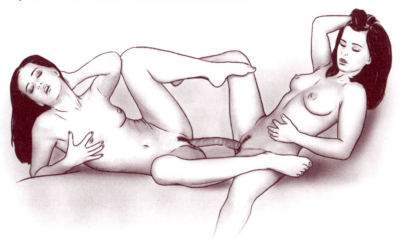

DILDOS OU PÊNIS REALÍSTICOS

> **Destaca-se um dildo elaborado com silicone que tem em seu interior um mecanismo articulável que permite fixá-lo em posições e ângulos diferentes.**

um elaborado com silicone que tem em seu interior um mecanismo articulável. É possível dobrá-lo até fixá-lo na posição que se deseje e em ângulos diferentes. Pode-se até encostar as duas glandes artificiais. Esse é um tipo de pênis diferente não só por causa do tamanho – que às vezes supera os 30 cm –, como também porque alguns são fabricados com um corpo único e outros parecem dois pênis realísticos colados pela base, que imita dois pares de testículos.

CINTAS

Como no caso dos dildos duplos, as cintas costumam ser relacionadas a práticas lésbicas ou homossexuais, mas existem modelos para gostos e necessidades muito diferentes. Algumas têm correias que se ajustam à cintura e às pernas e outras são acopladas a uma calcinha de tecido elástico, couro ou látex, às vezes na cor da pele para combinar com os pênis realísticos de pele artificial.

Na hora de escolher qual usar, é importante considerar o jeito de fixá-las, porque, dependendo da disposição das correias, quem estiver usando a cinta pode ser penetrado pelo ânus ou pela vagina. Para gozar dessa liberdade é necessário comprar uma com correias duplas, que, em vez de passar entre as pernas, suba das pernas pelos glúteos e se una à correia-cinturão que contorna a cintura. A variante oposta são cintas rígidas, tipo calcinha, de faixas largas de tecido que se fixam estreitamente ao abdome e pernas e que, na parte da frente, permitem inserir próteses de pênis ou de vaginas. Em todos os casos, antes de comprar é preciso decidir para que será utilizada e experimentar qual é mais confortável.

Certos modelos vêm com o dildo incorporado e outros possuem um buraco com aro metálico intercambiável, para que a prótese possa ser comprada separadamente e inserida de acordo com a preferência de modelo. Também costumam ser vendidos à parte os anéis metálicos de suporte, de diversos diâmetros, para inserir os dildos com grossuras diferentes, conforme o gosto.

Os modelos definitivamente femininos têm prótese dupla: uma, geralmente mais curta, orientada para dentro, para que penetre a vagina da mulher que usa a cinta, e outra para fora, maior, para penetrar sua parceira ou parceiro. Embora esse tipo de cinta específica tenha como destino as relações lésbicas, é um objeto de desejo de casais heterossexuais com certo grau de desinibição, que trocam papéis e chegam até a penetração anal do homem. A vantagem é que com esse tipo de cinta a penetração é simultânea e se garante o gozo de ambos.

Essa indumentária sexual libera e aumenta as alternativas de jogos. Trios ou sexo múltiplo com penetrações anais e vaginais são algumas de suas possibilidades. Sem esquecer a fantasia e a excitação extra que desperta a expectativa do uso. Nesse sentido, talvez um dos modelos mais curiosos sejam as cintas simples com correias elásticas adaptáveis, para fixar entre as pernas e os quadris com a prótese de um pênis realístico oco. Externamente, ele é recoberto de pele artificial, deixando a glande exposta. Porém, a pele é tão parecida com a real que sua flexibilidade a torna retrátil, como a verdadeira. Desse modo, o homem pode colocar o pênis dentro da prótese, como se fosse um preservativo, mas sem depender, psicologicamente, da qualidade da ereção, garantida pela rigidez da prótese. E a mulher sentirá que é penetrada pelo membro de seu amante coberto por um preservativo.

A cinta com prótese dupla tem uma voltada para dentro, para penetrar a vagina da mulher que a usa, e outra para fora, para penetrar sua parceira ou parceiro.

Já estava combinado. Não era a primeira vez que pedia a sua namorada que invertessem os papéis. Ele começou a se despir sensualmente. Primeiro a camisa, botão por botão... Depois tirou os sapatos e as meias, como se estivesse fazendo um striptease. Por fim desabotoou a calça, baixou o zíper, deixou-a cair pouco a pouco e seu corpo ficou coberto só com a cueca, que continha com dificuldade seu pênis excitado. Ela, nua, acariciava as nádegas dele e seus dedos buscavam cada vez mais o canal dos glúteos para se perder neles, enquanto o beijava voluptuosamente na boca e no pescoço. Também estava excitada: os preparativos para o encontro, o papo primeiro insinuante e depois direto, haviam elevado sua temperatura. Sabia o que ia acontecer e se sentia úmida e preparada. Alguns minutos depois das carícias estimulantes, ela foi pegar na gaveta de seu criado-mudo o objeto do desejo: uma cinta de couro preta brilhante com duplo pênis. Vestiu a calcinha e as correias e praticamente não precisou de lubrificante quando penetrou a si mesma com a prótese interna da cinta. Seus próprios fluidos permitiram que o falo de silicone deslizasse para dentro de seu corpo. Ele a olhava enquanto ela terminava de ajustar aquela fina prótese que parecia formada por uma série de bolas, uma em

cima da outra. Estava nervoso, mas o desejo aumentava. Haviam trocado os papéis em outras ocasiões; sua amante já o havia penetrado com os dedos várias vezes e o fizera sentir as delícias de uma massagem na próstata. Mas, hoje, era uma experiência diferente. Iam completar o jogo. Ele devia permanecer passivo. E ela se preparava com uma prótese na mão. Quando se colocou de bruços com as nádegas levemente elevadas, ela já havia untado os dedos com lubrificante gelatinoso e, após lamber várias vezes os glúteos dele, começou a massagear seu ânus para introduzir o lubrificante. Ele já sentia prazer com isso; então, ela encostou a ponta do pênis artificial no esfíncter, não sem medo da reação dele, e começou a empurrar. Sentia-se estranha, mas era prazerosa a sensação de ser a que penetrava, de fazê-lo gozar de uma forma diferente e, ao mesmo tempo, sentir, em cada investida, a prótese em sua vagina entrar e sair. A respiração dele se acelerava, enquanto se acostumava cada vez mais a ser penetrado e ao prazer que aumentava a cada investida. Ela o segurava pelas nádegas, enquanto ele afundava a cabeça no travesseiro e gemia. Quando a paixão já estava prestes a transbordar, pegou o pênis ereto de seu amante e começou a masturbá-lo no mesmo ritmo que o penetrava.

IMAGINAÇÃO E ALGO MAIS

Quebrar a rotina sexual é elementar para se ter uma relação mais ativa e prazerosa. Os brinquedos sexuais, em geral, e os dildos, em particular, trazem uma grande quantidade de variantes para evitar a monotonia. Potencializam o prazer por conta da fantasia adicional do erotismo, são um elemento lúdico eficaz, estimulam a cumplicidade, reforçam a confiança e dão asas à imaginação: por exemplo, transar a três com o dildo; imaginar que o próprio amante é um *voyeur* oculto, enquanto ela se masturba; ou que esse falo preto seja de um desconhecido, enquanto o parceiro consente com a brincadeira infiel; ou que ele tem dois membros, como o bode mitológico. A imaginação é pródiga, só é preciso ativá-la e que ambos estejam de acordo com a história que os excita.

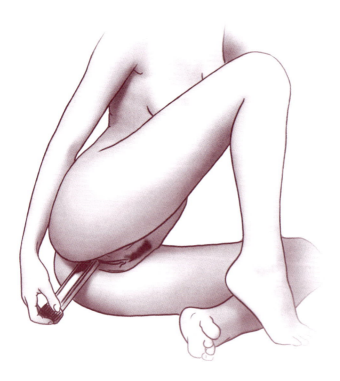

Contudo, ajudar a estimular a imaginação não é a única contribuição dos dildos. Eles são eficazes quando, às vezes, um homem, movido pela ansiedade, acha que não poderá chegar ao clímax e tem uma ejaculação muito rápida por causa do excesso de excitação. Essa situação costuma gerar um sentimento de frustração: ele sente que ele mesmo ficou insatisfeito e que não pôde dar a sua amante todo o prazer que queria. Se fizer os jogos preliminares com um dildo, é provável que consiga prolongar mais o prazer; poderá se excitar sem angústias enquanto faz sua parceira sentir prazer e só a penetra com o dildo no final. Com certeza, repetir essa situação lhe permitirá adquirir o ritmo adequado para que, em uma relação sexual posterior, possa se deixar levar pelos estímulos pouco a pouco, sem ansiedade. E, além disso, deixa de ficar atento a sua ereção como se fosse um assunto de vida ou morte.

Se a dois o dildo é um fator a considerar para enriquecer as relações sexuais, o uso solitário também ajuda algumas mulheres a perder a insegurança e a se transformar em amantes mais experientes e desinibidas. Com o dildo, é possível treinar posições diferentes para saber qual é a mais satisfatória, em qual

Existem modelos de dildos ocos, mas rígidos o suficiente para usar em uma penetração. É possível enchê-los com água morna e simular a ejaculação ao apertá-los.

Com o dildo podem-se treinar posições diferentes para saber qual é a mais satisfatória, em qual delas o prazer é maior, e depois repeti-las com o amante.

delas o prazer é maior, e depois repeti-las com o companheiro sexual.

Também é possível comprar os modelos mais adequados para sexo anal e experimentar as sensações que provoca. Ou experimentar novas penetrações com um dildo com ventosa para poder se sentar sobre ele como se fosse o pênis do amante.

Em suma, a enumeração de possibilidades é infinita, tantas quanto a imaginação e a busca do prazer permitam.

ABERTURA SOCIAL

Até poucos anos atrás, os dildos eram chamados popularmente de "consolos", um nome com valor pejorativo. Significava que quem o usa precisa de consolo, de alguém que o acalme. A referência direta era para mulheres e homossexuais sem companheiro sexual que tinham de recorrer a eles como substitutos do pênis. Tratava-se de um objeto tabu que só podia ser utilizado na mais absoluta intimidade, com muito cuidado para que não saísse do quarto, até mesmo na própria casa. Os preconceitos não eram apenas de ordem social, mas influenciavam também nas relações a dois. Muitos homens não se atreviam a propor seu uso porque temiam ser considerados esquisitos, ou que suas parceiras desconfiassem de um homem que era capaz de propor "algo assim". Intimamente, muitos viam no "consolo" um concorrente. Na medida em que davam ao tamanho do pênis uma importância vital para suas relações, oferecer um membro artificial que fosse maior que o seu não os deixava em boa posição.

O preconceito das mulheres estava mais relacionado com a suspeita de moral dupla: qualquer comportamento que fugisse do socialmente correto podia identificá-las com "depravadas". E isso significava a quase certa rejeição de seu companheiro sexual, se as concepções dele fossem machistas.

É evidente que o sentido lúdico do brinquedo sexual ficava relegado, sepultado sob uma montanha de preconceitos. Quando se comprava, era escondido como uma arma e usado com tanta carga de culpa e vergonha que geralmente era utilizado a sós. Era pouco frequente compartilhá-lo com o parceiro.

Há alguns anos esses conceitos vêm mudando. Esse aspecto turvo e obscuro que convidava ao ocultamento foi

Em sex shops japoneses vendem-se dildos fabricados com materiais flexíveis que reproduzem o tamanho e a forma dos pênis de diversos animais. Há, inclusive, alguns designs copiados dos pênis reais de atores pornôs de fama internacional ou associados a personagens de ficção, como desenhos animados famosos.

DILDOS OU PÊNIS REALÍSTICOS

sendo esclarecido. Duas razões para isso são a mudança do papel da mulher na sociedade e a abertura sexual, somadas à maior divulgação dos brinquedos eróticos. E também a internet, com sua facilidade para a comunicação privada, a venda em domicílio como modelo de discrição e os novos sex shops pensados para a mulher, lúdicos e coloridos. Essas possibilidades abriram o caminho, fizeram que homens e mulheres deixassem de se sentir constrangidos, observados e julgados socialmente. Eles esqueceram a palavra "consolo" e se concentraram em outra: "prazer".

DÚVIDAS E JOGOS

Os conflitos sociais começaram a se reverter, mas os conflitos psicológicos que afetam o casal e interagem na relação ainda estão presentes. Em geral, são os homens que se mostram mais formais e um pouco menos decididos na hora de usar brinquedos eróticos. Uma das causas dessa insegurança é o medo do desconhecido, de romper as barreiras da inibição.

Já as mulheres contribuem com o sentido lúdico, mas não de forma tão descontraída e aberta. Elas também precisam de gestos, de sinais para se sentir mais motivadas, embora deem cada vez mais passos para a frente. Ficam para trás os tempos do início do século XX, quando Freud, o pai da psicanálise, estigmatizou as mulheres ao se referir à inveja do pênis que as garotas sentiam durante a puberdade, quando descobriam não ter um membro como seu pai ou irmão. Nessa época, a escala de valores sociais situava os homens, possuidores do pênis, em um lugar privilegiado, supostamente invejável. Esses símbolos caíram. As mulheres vivem sua identidade sexual como algo próprio, não emprestado.

De qualquer maneira, a psique ainda guarda esse desejo oculto de desagravo, de serem elas a penetrar. Se esse sentimento for interpretado de forma lúdica, a fantasia da troca de papéis, de penetrada a penetradora com um dildo, pode ser duplamente excitante. Isso reafirma uma norma de comportamento dos novos tempos: as mulheres não sonham em ter um grande pênis, mas sim em ter prazer de muitas maneiras e com as imprescindíveis cotas de fantasia.

Em geral, são os homens que se mostram mais formais e um pouco menos decididos na hora de usar brinquedos eróticos.

DILDOS OU PÊNIS REALÍSTICOS

> **Existem dildos** desenhados como peças únicas de joalheria. Para sua fabricação são utilizados metais e pedras preciosas que elevam consideravelmente seu preço. Suas formas variam e, embora se conserve o princípio de um cilindro fálico, os aspectos que adotam estão mais próximos da arte plástica do que do uso prático.

COMUNICAÇÃO

Para realizar os desejos do casal, o primeiro passo é falar sobre o assunto. Se existe inquietação para introduzir um brinquedo erótico na relação, é recomendável falar sem medo e sem culpa. E fazer isso com absoluta naturalidade e sinceridade, para evitar que os temores ou os preconceitos interponham certo desconforto na conversa. Deve-se ouvir a proposta exatamente como é feita, sem que ninguém se sinta julgado, sem que haja dupla intenção. E, apesar de muitas vezes ser difícil falar da sexualidade do casal com o próprio amante, os brinquedos podem facilitar o relaxamento. Pode-se comentar com o amante que se teve uma fantasia com um dildo, ou que, navegando na internet, viu uma página com uma grande variedade de brinquedos eróticos... As reações podem dar dicas sobre o grau de aceitação do outro.

Em outros casos, quando o primeiro passo já foi dado, a cumplicidade de ir ao sex shop e escolher juntos o brinquedo erótico não só ajuda na desinibição como também é a antessala da excitação. É estimulante imaginar tudo o que virá em seguida...

DÚVIDAS MAIS FREQUENTES

Para penetrar um homem pela primeira vez, é possível utilizar um dildo comum ou é necessário um especial?
Existem dildos anais com um design inexpulsável e fino para evitar dores desnecessárias e incômodas. Também existem dilatadores que abrem o esfíncter para acostumá-lo a uma dilatação maior que a normal e facilitar a posterior penetração. Além disso, podemos utilizar os dedos para massagear o ânus e, depois, ir somando dedos à penetração em um movimento circular que favorecerá a distensão do esfíncter. De qualquer maneira, é conveniente usar na primeira vez um dildo pequeno, mais simples de controlar e que, além disso, provocará menos resistência.

Os sites de internet são seguros e confiáveis para a compra de dildos e cintas?
Em geral, nos sex shops on-line podemos comprar qualquer brinquedo erótico, verificar se há disponibilidade em estoque ou tirar dúvidas em relação ao próprio produto por telefone ou por e-mail. A compra é paga com cartão de crédito ou débito, boleto ou transferência bancária, segundo as condições de cada site. Os sex shops que oferecem opção de pagamento com cartões têm um canal seguro, ou seja, garantem, mediante um certificado de segurança do site (gerado por empresas especializadas), a mais absoluta confidencialidade sobre os dados pessoais do cliente. As entregas são feitas com muita discrição: em caixas de papelão embrulhadas em papel sem nenhum tipo de inscrição, sem logos ou propagandas que denunciem o conteúdo.

Pensei em incluir uma cinta em nossa relação sexual. Será que meu namorado me levará a mal?

Para se iniciar no mundo das sensações dos brinquedos eróticos, provavelmente a cinta corresponda a uma segunda fase, mais avançada, depois de ter experimentado primeiro os dildos e de ver qual é a reação progressiva. Uma cinta significa penetração e, psicologicamente, em geral necessita uma preparação. É melhor experimentar pouco a pouco, para que ele pegue confiança, descubra o prazer, e então, sim, introduzir a cinta. Quando se chega a essa fase, com certeza se pode escolher entre os modelos mais diversos, tanto de cintas quanto de dildos.

Quero dar um dildo a uma mulher. Como o escolho?

A melhor maneira de obter informação é falar muito superficialmente sobre o tema, para que ela não suspeite e o presente continue sendo uma surpresa, e para que, ao mesmo tempo, se obtenham mais dados sobre suas preferências. Mas, para não errar, pode-se escolher um tamanho médio, de cor viva e divertida. E também feito em *jelly*, um material muito agradável por sua suavidade e textura, que se assemelha a um verdadeiro brinquedo que desperta ternura. Muitas mulheres preferem um dildo fantasioso a um realístico, mas isso é questão de gosto e não exclui outras opções.

VIBRADORES

Os jogos de palavras não são casuais; contêm conexões com o inconsciente, segundo os psicólogos. Certa simbologia contamina as palavras, que, de repente, deixam de soar frias, precisas e neutras para se transformar em bombas verbais cheias de intenção, fantasias e sensações. Por exemplo, "vibrador" não é apenas um objeto que vibra, é um termo que, na consciência íntima de homens e mulheres, exala sexo: evoca desejos, ressuscita emoções e recupera lembranças excitantes.

Na história, os vibradores despertaram um interesse quase exclusivamente feminino. Porém, as mudanças sociais incidiram claramente nos hábitos sexuais. A mulher, cada vez mais ciente de seu espaço, com maior poder de decisão na vida a dois, fez que os costumes sexuais se modificassem. E hoje, apesar dos temores machistas e da psicologia sexual masculina dominante, é cada vez maior o número de homens que aprova a incorporação de brinquedos sexuais, como os vibradores, a suas relações íntimas. Aceitam o convite de suas parceiras ou se atrevem a tomar a iniciativa e liberam sua mente para jogos solitários ou compartilhados. Apesar disso, o processo de abrir essa porta a novos prazeres foi progressivo. E, para chegar a essa realidade, foi preciso percorrer um longo caminho...

PRAZER MASCARADO

O vibrador nasceu associado à mulher, e isso há aproximadamente 120 anos. Algumas informações situam suas origens nos anos 1880. Paradoxos da história: a época vitoriana, repressiva e alienante, especialmente com as mulheres, dava lugar ao prazer disfarçado de terapia. Porque, na realidade, o vibrador foi inventado pelo médico inglês Joseph Mortimer Granville para o tratamento da então chamada hiperemia pélvica, comumente conhecida por histeria. No fim do século XIX, eram muitas as doenças nervosas cujas causas estavam associadas à "congestão dos genitais e sua retenção de energia". Diante desse diagnóstico, não eram poucas as mulheres que iniciavam um tratamento com seus médicos, os quais massageavam a zona pélvica, alcançando o clitóris, até produzir um "paroxismo histérico libertador". O tratamento, claro, era satisfatório para as pacientes, que voltavam ao consultório para mais sessões dessa terapia tão agradável, mas também culposa e vergonhosa.

A invenção desse massageador "especial" facilitou bastante o trabalho dos médicos, e essa masturbação encoberta se mostrou tão perturbadoramente prazerosa para as mulheres que deu lugar à produção industrial dos vibradores. Aqueles primitivos "dildos com movimento próprio" eram aparelhos metálicos de forma fálica, alguns com um tamanho desmedido, que funcionavam às vezes a pedal, a ar comprimido e, mais tarde, com eletricidade. Em alguns casos, sua potência atingia até cinco mil pulsações por minuto, vibrações mais que suficientes para fazer gemer e gritar de prazer a mais saudável das mulheres.

Ao que parece, com o surgimento dos primeiros filmes pornográficos mudos, durante os anos 1920, o vibrador perdeu credibilidade como instrumento clínico. Apesar, inclusive, dos congressos médicos que, durante a primeira década do século XX, já começavam a ceder no estigma da masturbação e abriam levemente as comportas da repressão vitoriana.

E essa masturbação encoberta foi tão perturbadoramente prazerosa para as mulheres que deu lugar à produção industrial dos vibradores.

MEMÓRIA SENSUAL

A atividade constante de grupos cívicos que se transformam em consciência da sociedade favoreceu uma mudança no pensamento coletivo. As-

Para a estimu- lação anal, muitas pessoas preferem os cones aos dildos. São fabricados em diversos modelos, com materiais plásticos mais rígidos ou silicones mais macios. Têm entre 14 cm e 11 cm de comprimento e seu diâmetro varia: é como a ponta cônica de uma lança, que vai aumentando de espessura ao longo do corpo do objeto. A base se reduz de novo e se apoia sobre uma ventosa ou um disco plano, como o de uma taça. Alguns modelos vibradores têm controle remoto para regular a intensidade do estímulo.

sim, os preconceitos sexuais vêm à tona e são mais fáceis de combater do que quando ficam escondidos na escuridão. O resultado não é banal: libera a mente e permite aceitar e experimentar outros comportamentos sexuais. O reflexo dessa transformação é visto no comércio de brinquedos eróticos, que já começa a abandonar a sordidez do antigo sex shop, fechado e misterioso, e se abre em lojas que fazem do design lúdico seu argumento para conquistar principalmente as mulheres. Sob essa nova perspectiva, as pesquisas sexuais destacam que a relação das mulheres com os vibradores é menos tímida, e que elas os compram sem rodeios para aproveitá-los na intimidade.

Nos anos 1940 e 1950, as lojas norte-americanas Sears Roebuck, originárias de Chicago, enviavam seus catálogos pelo correio com um sugestivo texto abaixo da foto do massageador: "Fornece a ajuda que toda mulher vai apreciar". Tentava-se disfarçar com frases de duplo sentido que relegavam os vibradores às catacumbas da intimidade. Algo estava mudando.

Atualmente, os próprios vibradores são uma indústria. O design e a funcionalidade, a serviço do prazer, superam a imaginação mais liberal. O desenvolvimento tecnológico melhorou consideravelmente suas funções. São quase incontáveis as combinações de materiais, texturas, tamanhos, formas e cores. Há uns para penetrações vaginais ou anais e outros de dupla ação, que duplicam seus pontos de vibração.

MOLES E DUROS

Desde os primeiros vibradores fabricados com materiais duros e pesados até os atuais, elaborados com materiais sintéticos, leves e maleáveis, deu-se um avanço qualitativo importante. O *jelly* é uma borracha gelatinosa utilizada com frequência nos brinquedos eróticos, fundamentalmente porque tem duas propriedades: suavidade e flexibilidade. Além disso, é levemente pegajoso e fácil de aquecer. Antes e depois de usar, é importante lavar muito bem os brinquedos elaborados com *jelly*, porque, por se tratar de um material poroso e mole, tende a reter fluidos e pó. O silicone, similar ao *jelly*, é menos poroso e transmite as vibrações com maior intensidade que o anterior. E tem uma vantagem adicional: aquece-se tão rapidamente quanto

Na hora de comprar um vibrador, principalmente se for a primeira vez, a oferta pode confundir por conta da variedade e da quantidade. Porém, existem kits que agrupam dildos vibradores de tamanhos e funções diferentes, ou também com outros brinquedos complementares que permitem maior variação.

o *jelly*, mas mantém a temperatura por mais tempo. Ainda, ao penetrar a vagina ou o ânus, adapta-se rapidamente à forma do entorno que o recebe.

Os vibradores de plástico costumam ser mais duros e, embora sólidos e consistentes, por essa mesma razão às vezes podem irritar a pele. Esses e outros materiais constituem opções para que cada um experimente e escolha o que mais lhe agrade ou que combine as sensações. Existe também outro material tradicional na fabricação de vibradores: o látex. Embora garanta resistência e versatilidade, pode causar reações na pele quando utilizado sem proteção, ainda mais se a pessoa for alérgica a esse material. Muitos fabricantes aconselham colocar um preservativo neles e usar lubrificantes. De qualquer forma, a recomendação de lubrificar é genérica: é válida e necessária para o uso de qualquer tipo de vibrador. Porém, no caso específico dos de látex, convém utilizar lubrificantes à base de água; em geral, são bem-aceitos por todos os materiais. Os lubrificantes elaborados com óleo ou vaselina podem estragar o material.

Os dildos vibradores fabricados com os materiais mencionados têm uma característica comum na maioria dos casos:

O silicone se aquece tão rapidamente quanto o *jelly*, mas mantém a temperatura por mais tempo.

a parte interna é sólida, o que lhes dá consistência para manter a forma e permitir a penetração, e a camada externa, que entra em contato com a pele e as mucosas, é mais macia e suave. Outros brinquedos similares, ao contrário, elaborados com metal ou materiais rígidos, precisam ser utilizados com extremo cuidado, porque, segundo a intensidade das vibrações, podem provocar feridas nas paredes da vagina e do ânus.

TAMANHOS E FORMAS PARA GOZAR

Em tempos distantes, quando o uso desses vibradores ainda não havia se generalizado, muitas mulheres tinham essas mesmas sensações prazerosas sentadas nos ônibus, perto do motor, ao sentir seus assentos vibrando ao compasso das revoluções variáveis. As ondas desses tremores subiam até seus genitais e, em meio ao arroubo, elas lutavam para disfarçar a agitação e o rubor que surgia em suas faces. Aquelas que guardaram na memória íntima esses momentos de gozo secreto, inesperadamente proporcionado por um inocente banco de ônibus, recuperaram esse prazer

Uma das últimas sofisticações é o chamado vibrador inteligente. Elaborado com silicone, tem um design ergonômico. É potente, recarregável e dispõe de programas de vibração que combinam cinco ritmos diferentes com sete velocidades. Mas, com certeza, o mais revelador é que possui dois motores: um na base e outro na ponta, transformando-o em um modelo único.

circunstancial e se identificam com o vibrador. E também com suas incontáveis possibilidades para o jogo sexual.

Uma das vantagens é poder escolher, entre incontáveis modelos, o tamanho e a forma. Quando se fala de tamanho, significa comprimento. Porém, o mais importante é o diâmetro do dildo vibrador, já que um contato mais estreito com as paredes da vagina e também do ânus permite transmitir melhor as ondas sensuais.

BRINQUEDOS ERÓTICOS

Quando o vibrador é compartilhado com o parceiro, o tamanho pode ter certa carga de preconceitos culturais. Quando uma mulher compra o vibrador, às vezes tem dúvidas. Sua preocupação é que o parceiro se sinta diminuído e pense que ela não tem prazer com o pênis dele, e por isso precisa recorrer a um artificial. Esse detalhe pode se transformar em uma barreira psicológica que impede um jogo sexual livre. O vibrador não é um concorrente do homem, e sim um complemento para a diversão de ambos. No entanto, é um preconceito que convém não ignorar e deve ser tratado previamente com o parceiro. Porque, com certeza, a mulher não pensa no tamanho, e sim no jogo divertido que vai propiciar para a relação. Por isso, na hora de escolher um vibrador, ela será mais influenciada pela cor, pela textura e pela flexibilidade, aspectos que são importantes quando o objetivo é descontrair o sexo e abrir as comportas da mente a novas sensações, a jogos compartilhados.

Na maioria dos casos, o tamanho está intimamente ligado à forma e também a funções específicas para focalizar o prazer em pontos específicos. Por isso, alguns dildos vibradores têm

O conselho de mudar o vibrador de lugar e de intensidade para obter maior prazer ou efeitos estimulantes variados não é irrelevante. As oscilações prolongadas sobre um mesmo lugar acabam adormecendo essa parte do corpo e anulando os efeitos excitantes transmitidos pelos terminais nervosos. Assim, às vezes é conveniente estimular uma área, "deixá-la descansar" e depois voltar, para conseguir o efeito esperado.

texturas lisas ou rugosas, moles ou duras, ásperas ou aveludadas, para poder combinar as sensações que produzem na pele e nas mucosas. Há ainda aqueles que surpreendem na escuridão ao se iluminarem com luzes coloridas.

VIBRADORES VAGINAIS

Os vibradores projetados para a penetração vaginal apresentam um amplo espectro. Entre os de forma fálica há retos ou curvos, ou que reproduzem a forma da glande, a pele e as veias de um pênis ereto. Alguns têm até oito intensidades diferentes de vibração. E certos modelos têm uma ventosa na ponta para fixá-lo a qualquer superfície e deixar as mãos livres para se tocar ou acariciar o amante.

Para a penetração vaginal, é conveniente que exista uma boa lubrificação, seja natural ou com um produto adequado que facilite o deslizamento do vibrador. Embora não haja grandes segredos para o uso, é importante não introduzi-lo bruscamente nem a uma alta intensidade de vibração. As paredes da vagina, como todo músculo, precisam se adaptar à nova forma que a penetra; se forçá-las, podem ocorrer escoriações.

Existem brinquedos com pequenas prolongações na ponta, em formato curvo, para tentar encontrar e estimular diretamente o ponto G.

BRINQUEDOS ERÓTICOS

Alguns modelos de vibradores vaginais são projetados especialmente para encontrar o ponto G. Embora essa zona erógena no interior da vagina tenha passado de uma obsessão na busca do prazer perfeito a uma opção a mais para o gozo, existem brinquedos com pequenas prolongações na ponta, em formato curvo, para tentar encontrar e estimular diretamente esse ponto erógeno interno tão particular. Entre esses designs existem o tradicional falo com a ponta dobrada e outros que simulam a forma dos dedos (indicador e médio), que não apenas procuram estimular o ponto G, mas também o clitóris.

Os vibradores menores, ou mini, são discretos e portáteis: têm forma de bala ou de caneta, entre outras aparências curiosas, e são arredondados nas pontas para não provocar atritos incômodos. Apesar do tamanho, podem graduar também a intensidade, e sua vibração suave e agradável permite manter uma constante excitação durante a penetração.

A conversa no chat a havia excitado. Tinha feito contato com um homem muito sensual e sem inibições. As palavras dele ainda ecoavam em sua memória, e ela precisava de algo além daquela carícia por cima da calcinha. Na gaveta da mesa de trabalho guardava um vibrador de dupla ação. Sua gelatina azul arroxeada o tornava quente e excitante ao tato e aos olhos. Aqueceu-o entre as mãos e diminuiu sua intensidade para que as suaves vibrações arrepiassem a pele nua de suas coxas. Foi levantando a saia pouco a pouco e sentindo essas sensações deliciosas se acentuarem na parte de trás dos joelhos e no interior das coxas. Tirou a blusa, e seus seios nus receberam as primeiras vibrações palpitantes em círculos concêntricos que terminavam no mamilo. Cada toque, cada mudança de intensidade a incitava ainda mais. Fechava os olhos e as ondas incessantes lhe recordavam as palavras audaciosas que aquele homem misterioso escrevera em sua tela, e sua vulva se umedecia. Os dois braços flexíveis do vibrador tomaram rumo descendente. Com uma das mãos, continuava acariciando os mamilos, enquanto as palpitações do brinquedo erótico se dirigiam ao sul do umbigo. Baixou a saia e a calcinha até os tornozelos e ficou nua. O vibrador parecia ter vida própria. Começou a fazer arcos no púbis e depois toques nos lábios da vulva. Estava tão úmida que a cabeça longa e curva do vibrador não teve problemas para penetrá-la, enquanto o "dedo" mais curto do vibrador se aproximava ansiosamente do clitóris. Com o dildo penetrou sua vagina em busca do ponto G, enquanto o pequeno e travesso brinquedo já estimulava de maneira voluptuosa o clitóris para levá-la a um intenso clímax.

DUPLO ESTÍMULO

Duas ações simultâneas: penetração vaginal e estimulação do clitóris. Essa é a missão dos vibradores chamados de dupla ação. Fabricados em geral com materiais moles, por conta da necessidade de flexibilidade, eles guardam mui-

O famoso ponto G não é um ponto. Na realidade, trata-se de uma área na parede superior da vagina, com uma extensão média entre 5 cm e 7 cm, formada por um tecido erétil e muito sensível. Conforme explicou seu descobridor, o doutor Ernest Gräfenberg, em 1940, essa área do canal uretral corresponde à parte interna do clitóris, razão pela qual a estimulação desencadeia sensações de prazer.

tas surpresas. A forma dos modelos e seu funcionamento permitem diferentes estimulações. Têm um braço maior, utilizado para a penetração, e outro mais curto e fino, que vibra sobre o clitóris. Além das diferentes versões de textura, silicone rugoso ou liso, com ondulações ou plano, que provocam sensações diversas, alguns brinquedos trazem inovações que podem aumentar o prazer sugestivamente. Um deles, elaborado com silicone, tem em seu interior bolas de metal que giram durante a penetração, provocando um efeito ondulatório na superfície do vibrador que é transmitido às paredes da vagina. É possível inclusive variar a velocidade e o sentido de rotação das bolas.

Alguns vibradores imitam um dedo médio e um dedo polegar (em sua disposição, não necessariamente na forma) para conseguir uma dupla penetração simultânea, em ânus e vagina, inclusive com intensidades diferentes de vibração, que transportam a um prazer extremo. Mas, talvez, a sensação máxima seja a tripla estimulação: um vibrador com forma de pequeno candelabro de três braços. Dois são curtos e finos, e o do meio, longo e grosso. A ideia dos designers é que, enquanto o braço central é introduzido na vagina, quando chega a sua máxima profundidade, os dois braços curtos estimulam ao mesmo tempo o clitóris e o orifício anal, mas sem penetrá-lo.

Todos esses brinquedos funcionam com bateria recarregável ou a pilha e, dependendo do modelo, têm controle remoto, que não só permite liberdade de movimentos como também alimenta a fantasia – por exemplo, fechar os olhos e pensar que é um desconhecido que muda a força e a velocidade do brinquedo. Ou, se o companheiro sexual estiver com o controle remoto, podem fazer um leve jogo de dominação e ela ficar à mercê dele. Nesses casos, é aconselhável que o casal comente antes sobre os níveis de intensidade de vibração toleráveis, já que a altas velocidades a estimulação pode ser desagradável se a lubrificação ou a dilatação não forem suficientes.

JOGOS ANAIS

A penetração anal sempre desperta sensações contraditórias quando ainda não foi praticada: medo da dor, fundamentalmente, e certa inquietude por

> **Para sensações mais fortes há modelos que reproduzem pênis curvados mais grossos e com maiores níveis de vibração.**

sensações desconhecidas. Os modelos anais contemplam essas questões. Há vibradores finos, de *jelly* ou silicone, que facilitam a penetração anal sem uma grande dilatação, sempre com uma lubrificação cuidadosa. Para sensações mais fortes há modelos que reproduzem pênis curvados mais grossos e com maiores níveis de vibração. Também existem vibradores com a aparência de lagartas: são esferas coladas uma à outra que formam um falo de comprimentos diferentes. Esse tipo de vibrador tem uma característica particular: ao ser introduzido, e especialmente ao ser retirado do orifício anal, provoca sensações diferentes nas terminações nervosas, como uma sucessão de breves choques excitantes. Mais ainda caso se aumente a intensidade de vibração toda vez que uma bolinha entrar. Sua forma o torna inexpulsável e ajuda a prevenir algumas reações involuntárias dos músculos do esfíncter anal, mais acostumado a se abrir para expulsar que para introduzir.

O uso desses brinquedos não está ligado somente a relações heterossexuais, mas, como é evidente, a relações lésbicas, gays ou múltiplas.

Quando o vibrador é usado para penetrar o ânus de um homem, existe ainda outra variante, similar àquela para o ponto G feminino. A versão masculina é um modelo com formas variadas para estimular a próstata por meio de uma massagem direta com a ponta superior. São mais curtos e curvos para atingir seu objetivo e, em alguns casos, seu pequeno motor vibrador com forma de bala fica separado do corpo do dildo, de modo que pode ser acrescentado depois da penetração. Em geral, e ao contrário do ponto G feminino, a próstata é rapidamente localizável. A massagem provoca a aceleração da ejaculação.

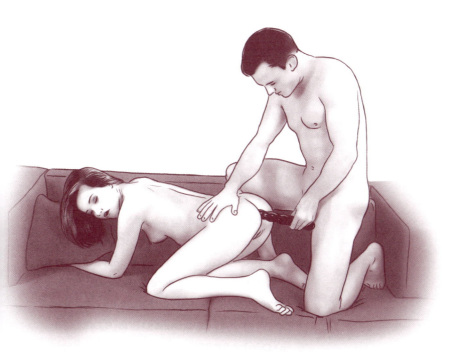

> **Quando o** vibrador é compartilhado com o parceiro, convém usar camisinhas, que, combinadas em textura e cor com o próprio vibrador, podem ser um estímulo extra para o jogo sexual e, ao mesmo tempo, evitam transmissões indesejáveis.

ELAS: PRAZER E NATURALIDADE

As mulheres começam a usufruir do vibrador desde o momento da compra, seja para uso solitário, com um modelo escolhido especialmente para sentir a penetração plena que desejam, seja para usar a dois. Na realidade, o jogo sexual começa com as preliminares: a decisão e as brincadeiras, os risos e o jogo de cumplicidade que se constrói com o amante. A espontaneidade e a naturalidade contribuem para criar um clima lúdico.

Também é possível que ela decida lhe fazer uma surpresa: é um estímulo extra e excitante para quebrar a monotonia.

Quando o vibrador é para penetração anal, muitas vezes quem o compra é o homem. Nesse caso, como toda vez que se fala de ânus nas relações sexuais, devemos considerar o medo da dor, que inibe qualquer prática. Sensibilidade e delicadeza são dois comportamentos necessários para avançar. Mas também é fundamental a informação, e devem-se considerar três pontos básicos. É indispensável o relaxamento do esfíncter: por meio de massagens com os dedos é possível ampliar o orifício anal e prepará-lo para a penetração sem dor. Também se aconselha a higiene interna e externa da área para que a mulher se sinta mais segura. E não menos importante é saber que o ânus não se autolubrifica como a vagina, de modo que é imprescindível utilizar um lubrificante. Esse jogo duplica o prazer: o pênis do companheiro sexual na vagina e o vibrador no ânus. A dupla penetração produz sensações compassadas nas duas áreas. As paredes do ânus e da vagina transmitem entre si os estremecimentos que recebem graças aos estímulos do pênis e do brinquedo erótico. As ondas que expandem essas estimulantes sensações por todo o corpo também se multiplicam. O grau de intensidade e prazer que se desencadeia com essa prática é muito alto e se torna inesquecível para a mulher que a experimenta.

Esse jogo abre as portas do duplo prazer: o pênis do companheiro sexual na vagina e o vibrador no ânus.

Ele escutou o tênue zumbido e se deixou levar. Deitado e relaxado de costas na cama, com os olhos fechados, esperava passivo a surpresa prometida. Ela colocou o vibrador na intensidade média, passou a ponta pelo abdome de seu amante e começou a fazer círculos. Ele acusou a descarga, seu corpo ficou tenso e ele respirou profundamente. Logo sentiu as ondas arrepiarem sua pele e chegarem até os testículos. Seu pênis estremeceu e se preparou para crescer diante do estímulo sensual. Ela seguiu o percurso para baixo, mas deteve-se, levantou o membro com a mão e lhe pediu que elevasse um pouco os quadris. Deixou-o desejando alguns segundos nessa posição. Então, com uma das mãos esticou a pele do membro para cima e para baixo lentamente e aproveitou para molhar a glande com a língua. Ele respondia com agitação, mas esperava mais. Algo diferente. Ela lhe deu. Aplicou o vibrador do escroto ao ânus em uma viagem curta de ida e volta que percorria o períneo. Ele estremeceu. Tinha sensações contraditórias. O desejo o invadia, mas cada vez que o vibrador se aproximava do ânus a tensão aumentava e o esfíncter reagia, na defensiva. Sentiu o pênis endurecer ainda mais e levantou espontaneamente os quadris. Aquela estimulação superava os limites do prazer. Ela sussurrou que era só o começo e lhe pediu que se virasse e ajoelhasse. Ele obedeceu, mas com receio. Precisava assimilar o novo jogo. Para si mesmo negava a penetração, mas, por outro lado, estava ansioso por gozar daquelas voluptuosas vibrações. Ela não o fez esperar. Dessa vez, começou a passar o vibrador desde a ponta do pênis, percorrendo a sensível área da uretra. Acariciou de leve o escroto, seguiu para o

períneo e depois para o canal dos glúteos. Ele se agitava. Ela começou a dar voltas ao redor do ânus, fechando cada vez mais os círculos rumo ao centro escuro daquela pele rosada e excitada. Ele foi cedendo pouco a pouco, não sem temores. Com muita suavidade, foi penetrando-o com a parte mais longa e curva do vibrador. A extensão mais curta estimulava o períneo. Ele estava à beira do paroxismo, tremia e seu pênis se endurecia, até que prendeu a respiração. Ela soube que havia chegado à próstata.

> **A higiene é** fundamental para prevenir infecções. Desse modo, depois do uso, é aconselhável lavar os vibradores e guardá-los secos e limpos dentro de sacos de pano ou caixas que os mantenham protegidos do pó.

ELES: GOZOS E SOMBRAS

A transferência dos objetos relacionados com a cultura feminina ao espaço masculino, crescente nos últimos 20 anos, é lenta e difícil. Mas está acontecendo. Os preconceitos machistas aparecem como uma barreira inibitória que impede muitos homens de participar livre e espontaneamente de questões relacionadas com a moda, com a estética pessoal ou o sexo, porque as consideram criticáveis e vedadas socialmente. Os heterossexuais enfrentam o medo de ser confundidos com fracos ou homossexuais, dois rótulos que a cultura machista despreza ao extremo. No entanto, há cada vez mais homens que começam a vencer preconceitos para lutar contra esses medos primários e se abrir para o erotismo. Apesar dessa aparente abertura, os homens costumam comprar os vibradores para usufruto de sua amante, e raras vezes o adquirem para uso próprio; não o consideram um objeto para obter prazer. Esse afã ancestral de defender sua heterossexualidade, como se estivessem em dúvida, priva-os de desfrutar de sua sexualidade pelo ânus. Tanto da intensa sensibilidade da zona do períneo quanto da penetração e da massagem da próstata.

A incorporação de brinquedos à vida sexual fica resguardada pela discrição da intimidade. Porém, mesmo nesse espaço tão pessoal, os homens têm dificuldade para se liberar. Por isso é conveniente fazê-lo passo a passo, sem forçar a situação. Não é preciso penetrar o ânus do amante na primeira vez, e sim acostumá-lo a brincar com essa parte do corpo. Acariciar e beijar os arredores alivia tensões, em vez de aumentá-las. Assim, será possível experimentar com vibradores anais pequenos, cuja intensidade parecerá uma suave carícia interna e lhe permitirá descobrir e assimilar o novo prazer. Atualmente, e apesar das reticências, os casais compartilham cada vez mais o uso do vibrador.

DÚVIDAS MAIS FREQUENTES

Além de utilizá-lo para provocar sensações superficiais na pele, é possível ou recomendável penetrar a vagina com o dildo e fazê-lo vibrar lá dentro quando a mulher tem um dispositivo intrauterino (DIU)?
O DIU está preso dentro do útero. Um fino fio sai para a vagina; convém apalpá-lo para verificar se está bem colocado. Após essa constatação, é possível utilizar o vibrador, mas com precaução: fazer penetrações pouco profundas e sem movimentos violentos, detendo-se mais na estimulação da vulva e do clitóris.

O uso de vibradores pode ser considerado sexo seguro ou é necessário tomar alguma precaução ao utilizar esses brinquedos?

O chamado sexo seguro não precisa ser sem graça; um dos aspectos a reafirmar para praticá-lo é a criatividade. Os brinquedos sexuais podem agregar prazer e novidade às relações. Se o vibrador for usado por uma pessoa só, basta mantê-lo higienizado depois do uso. Quando o brinquedo é compartilhado, aconselha-se lavá-lo antes de ser utilizado por outra pessoa. Contudo, para não interromper a intensidade do momento, é melhor colocar-lhe um preservativo para que o outro o possa utilizar. A solução ideal é ter mais de um vibrador.

É comum sentir certa rejeição inicial ao usar o vibrador porque ele está frio?

É bastante frequente, mas basta aquecê-lo antes, principalmente no inverno. O fato de estar morno acrescenta uma qualidade mais excitante a sua vibração. Isso se consegue de muitas maneiras: mergulhando-o em água quente, aquecendo-o na cama, envolvendo-o com as mãos, soltando a respiração pela boca na glande ou apertando-o entre as coxas até que se perceba seu calor.

Quando ela pede para incorporar um vibrador aos jogos sexuais significa que não tem prazer suficiente?

A proposta de incorporar um novo jogo sexual é sempre positiva. Trata-se de uma alternativa diferente para a relação. A única coisa que significa é que ela tomou a iniciativa de incorporar um brinquedo erótico que vai enriquecer a sexualidade de ambos. Os vibradores oferecem sensações novas que fazem as mulheres aproveitarem muito, e isso é bom também para seus amantes. Além disso, permitem ao homem participar ativamente de novos jogos levando o vibrador às zonas onde ela mais sente prazer.

ALIADOS DA MASTURBAÇÃO

As mãos são as aliadas históricas do sexo. Mas não as únicas. A autossatisfação sexual é uma das práticas mais arraigadas entre homens e mulheres. Nasce com o reconhecimento do corpo durante a infância e com a confusa sensualidade que alerta a descoberta das zonas erógenas na puberdade. Milhares de sensações diferentes, nutridas de hormônios aos borbotões, embriagam de paixão a adolescência, primavera da masturbação. Com essa energia sexual interminável da primeira juventude, a excitação adicional vinda do tabu cultural e as dezenas de fantasias que fluem nessas mentes adolescentes, a masturbação é lembrada como o primeiro prazer, o prazer onipresente e aquele que não exige dependências. Gozo original mais tarde transferido para as aventuras iniciais com os primeiros parceiros sexuais, onde prevalecem as masturbações mais que o coito completo.

O autoestímulo fica tão marcado na memória íntima e no inconsciente de cada pessoa que não acaba com a adolescência, nem com a juventude, nem com as relações sexuais estáveis, constantes e satisfatórias. Permanece e se enriquece nos adultos, como forma de liberar tensões ou pelo único e exclusivo prazer que proporciona. É complemento das relações a dois, mas, fundamentalmente, um componente da própria sexualidade, que admite o prazer em suas diversas formas, sem complexos. Nessa busca hedonista, só as mãos não bastam. Dezenas de brinquedos eróticos projetados para a masturbação as ajudam, soltam a imaginação e abrem um amplo horizonte para multiplicar as possibilidades de se obter o prazer desejado.

ROMPER TABUS

No entanto, antes dessa explosão de ideias adicionais criadas por uma indústria dinâmica que surpreende dia a dia com diversos novos produtos, a prática da masturbação tradicional demorou a perder o pudor social. Foi há relativamente poucas décadas que homens e mulheres começaram a deixar para trás os tabus que relegavam a masturbação às catacumbas da mente.

Nos antecedentes da história mais moderna, nem os estudos científicos sérios nem o impulso de vanguardas sociais que marcaram tendências durante o início do século xx conseguiram fazer que a masturbação abandonasse o espaço subterrâneo do pensamento.

Apesar de seus esforços e pesquisas durante estudos nos anos 1960 – década de liberação sexual – os pesquisadores Master e Johnson também não puderam lhe dar credencial pública. Já a partir dos anos 1970, a feminista e sexóloga norte-americana Betty Dodson foi uma referência, e seu trabalho se tornou um ponto de inflexão. Ela se atreveu a formar grupos de consultoria sobre masturbação e a organizar oficinas onde ensinava as mulheres a usar o vibrador convenientemente para darem prazer a si mesmas.

Durante as sessões coletivas, as mulheres compartilhavam suas sensações e experimentavam livremente diversas maneiras de gozar. Essas oficinas tiveram grande sucesso e divulgação, apesar da resistência de setores conservadores, e muito rapidamente foram exportadas para a Inglaterra e países escandinavos. E, mais tarde, para o resto da Europa continental. Conheceu-se, então, a luz da autossatisfação.

Betty Dodson formou grupos de consultoria sobre masturbação e organizou oficinas onde ensinava as mulheres a usar o vibrador para darem prazer a si mesmas.

DESCOBRIR SENSAÇÕES

A indústria do erotismo lúdico não cessa sua atividade criativa e constantemente surpreende com novos modelos e ideias originais. Isso não é casual: reflete claramente a abertura sexual e a

ALIADOS DA MASTURBAÇÃO

> **Muitos homens** e algumas mulheres têm uma baixa sensibilidade nos mamilos, porque dedicam pouco tempo a estimulá-los. Em ambos, as sensações excitantes derivadas dos mamilos são uma questão de tempo: quanto mais são chupados, acariciados, beliscados ou massageados, mais aumenta sua receptividade, e se transformam em uma ativa zona erógena. De modo que não se deve massageá-los ou dedicar-lhes atenção apenas durante as relações sexuais, mas também durante a masturbação a sós.

necessidade de atender a uma demanda crescente e exigente em matéria de artigos para descobrir novas sensações. Essa realidade é facilmente constatada em visitas a sex shops ou a lojas virtuais dedicadas à venda desses produtos pela internet. A profusão e diversidade de brinquedos é assombrosa: vibradores de todo tipo, em especial muitos que se afastam da forma fálica tradicional e liberam a fantasia e as possibilidades; vaginas, bocas e ânus hiper-realistas elaborados com materiais macios e quentes; luvas e dedos que vibram; estimuladores de mamilos; sugadores para pênis ou clitóris, e todos eles em uma variedade quase inesgotável que se renova permanentemente.

Esses aliados da masturbação são projetados para proporcionar prazer em diferentes intensidades e lugares do corpo. Tal como se experimentava há quase 40 anos nas oficinas de Betty Dodson, as variadas velocidades, potências e movimentos desses brinquedos permitem que esse vital formigamento, prelúdio da excitação que provoca, comece em qualquer parte da pele – especialmente em zonas erógenas, como os seios e os mamilos, o monte de Vênus, o canal entre os glúteos, o períneo,

BRINQUEDOS ERÓTICOS

espalhando-se como ondas elétricas até os pontos mais afastados, inundando a mente de sensações. Os vibradores, como outros estimuladores, não só excitam as terminações nervosas, mas também são capazes de incitar fantasias se apenas nos deixarmos flutuar por esse mundo sem tempo nem espaço que é a imaginação.

MINIATURAS NÃO FÁLICAS

O marketing dos vibradores tem uma sensibilidade especial, relacionada principalmente com o mundo feminino. As cores intensas, os mais diversos materiais ou as formas diferentes adotadas (desde o pênis clássico até figuras de animais, simuladores de línguas ou borboletas) recordam permanentemente que é um objeto lúdico. Nada misterioso nem obscuro.

Por discrição ou simplesmente por comodidade, existem linhas de vibradores em miniatura que podem ser levados na bolsa e segurados na mão em qualquer momento. Suas formas são muito criativas. Um ovo vibrador com controle remoto e quatro velocidades permite desfrutar o prazer a sós. É elaborado com materiais moles, de textura aveludada, que proporciona um estímulo extra ao tato sobre qualquer superfície da pele, desde os seios até a vulva. Outros são uma reprodução reduzida dos vibradores para estimulação dupla. Sua forma é similar à de dois pequenos dedos arredondados nas pontas, um curto e outro longo, para excitar simultaneamente o clitóris ou os lábios e a entrada da vagina. Mas estes também têm usos complementares que não se encontram nas instruções: durante a masturbação, o seu braço mais longo é ideal para uma penetração de poucos centímetros no ânus. Mais dinâmicas ainda no uso são as balas vibradoras. Com poucos centímetros de comprimento e formato cilíndrico, servem para a estimulação vaginal, clitoriana ou anal e são tão potentes que podem ser usadas como motor de dildos grandes ou adicionadas a anéis de silicone. Mas uma de suas aplicações mais surpreendentes, em consonância com as novas tecnologias, é a conexão direta com o celular. Assim, ao introduzir a bala na vagina, cada vez que se recebe uma ligação ou uma mensagem SMS, a vibração estimula o centro genital do prazer. Um bom jogo para experimentar entre casais: talvez com uma dezena de chamadas perdidas se possa chegar ao clímax.

Muitas dessas balas, elaboradas com materiais duros, como plásticos ou metal, vêm acompanhadas dos chamados "texturizadores", capas de silicone com formas diversas como espinhos, serras ou bolinhas. Essas superfícies irregulares diversificam a estimulação e os efeitos percebidos. Também dispõem de controle remoto, o que permite duas opções eróticas. Quando a masturbação é a dois e o controle remoto fica com o outro, é como estar nas mãos dele, surpreendendo-se com as mudanças de velocidades que ele propõe. Se, ao contrário, o vibrador em miniatura estiver dentro da vagina e o controle remoto escondido em um bolso, ela poderá dispor da potência secreta de seu prazer.

Com poucos centímetros de comprimento e formato cilíndrico, as balas vibradoras servem para a estimulação vaginal, clitoriana ou anal.

BORBOLETAS SENSUAIS

Esse gozo secreto também se produz com os vibradores ajustáveis, projetados para dispensar o uso das mãos e até para ficarem disfarçados, bem presos embaixo da roupa. Existem diferentes modelos, que são colocados como uma calcinha ou como uma cinta, presos

Existem diferentes modelos de vibradores "borboleta" que se colocam como uma calcinha ou como uma cinta, presos às pernas por faixas elásticas. às pernas por faixas elásticas, enquanto o vibrador de silicone, chamado geralmente de "borboleta" porque a maioria dos modelos tem esse formato, situa-se exatamente sobre a vulva, como a famosa folha de parreira da Eva bíblica. Mas, nesse caso, com outras intenções mais agradáveis e menos repressivas.

De qualquer maneira, a imaginação criativa dos designers vai muito além: a borboleta se transforma de repente em uma estrela-do-mar que vibra sobre a vulva e o clitóris. Também existem outras formas engenhosas anatomicamente adequadas para a zona a ser estimulada. Esses tipos costumam dispor de quatro a oito padrões diferentes de vibração e um controle remoto. Com o mesmo sistema de fixação que as borboletas, fabricam-se vibradores de silicone curtos que podem ser mantidos dentro da vagina, mudando os níveis de estimulação sem que ninguém perceba. Em geral, trata-se de vibradores suaves que prolongam a excitação durante o funcionamento. E agregam essa fantasia especial de sentir-se estimulada com uma coceguinha persistente e satisfatória, mesmo cercada de outras pessoas, no trabalho ou em um lugar público.

Haviam planejado para essa noite. Uma longa preparação tinha aumentado o desejo e a paixão, na espera pelo encontro. Os dois iam trabalhar pela manhã. Ela havia vestido um sutiã de renda preto que realçava seus seios e os insinuava por baixo da blusa, com aquele botão audazmente desabotoado. Expunha seu decote; gostava de fazer isso. Sentia-se excitada quando a olhavam. E era o que ele estava fazendo agora, sentado na cama, imaginando todo o prazer que ela acumularia em segredo durante o dia. Contemplava-a com desejo contido enquanto ela terminava de ajustar sua tanguinha de borboleta vibradora e segurava o controle remoto para guardá-lo no bolso da saia. Já havia imaginado aquele dia de prazer contínuo, dentro de seu mundo interior e longe do trânsito da cidade, de seu escritório, de seu chefe... Começaria a gastar a pilha do brinquedo no ônibus. Gostava de sentir aquele formigamento intenso em seu clitóris enquanto dezenas de pessoas, alheias a seu segredo e com a típica cara de contrariedade matinal, não entendiam o sorriso e o relaxamento em sua expressão. Já em sua mesa do escritório se permitiria aumentar a intensidade da vibração, a ponto de suas pernas se separarem um pouco mais, sua respiração ficar levemente agitada – não muito para evitar suspeitas – e seus mamilos ficarem marcados no tecido da blusa com a desculpa do ar-condicionado. Ela continuaria sentindo prazer. Sabia que cada vez que seu colega de sala levantava os olhos era para olhá-la, e isso a ajudaria a continuar pensando em suas fantasias noturnas. No ônibus de volta só pensaria no encontro. Chegaria úmida e no ponto para sentir as carícias do amante em seu corpo ansioso, enquanto a borboleta continuaria vibrando, cada vez com maior intensidade, para levá-la ao orgasmo mais prolongado e explosivo possível. Com certeza seria um grande dia...

BRINQUEDOS ERÓTICOS

OBJETOS PARA BRINCAR

A masturbação tem muitas possibilidades: permite conhecer melhor o próprio corpo, descobrir zonas erógenas desconhecidas e recriar jogos ou situações guardadas na memória como lembranças muito estimulantes. Além disso, a masturbação a sós melhora a relação a dois: conhecer-se melhor reforça a autoestima, primeiro passo para aceitar o próprio corpo e desfrutar mais plenamente do erotismo. Com essas premissas, vibradores bem originais ajudam a buscar variações durante a masturbação – por exemplo, para usar na banheira, durante um banho quente e relaxante com sais e velas que preparam o ambiente desses momentos tão íntimos e pessoais. Para essa solidão permissiva existem vibradores com a forma e cores de um peixinho, um patinho, um golfinho ou um pinguim, entre outros bichos infantis. A maioria deles, além das fantasias que sugerem, pode ser submersa para buscar sensações aquáticas no clitóris, na vulva e no ânus, mas seus efeitos se fazem sentir por todo o corpo só de encostá-los na pele. Cada vibrador tem mecanismos diferentes: diversas velocidades de estimulação, mudanças de

Para essa solidão permissiva existem vibradores com forma e cores de um peixinho, um patinho, um golfinho ou um pinguim, entre outros bichos infantis.

ALIADOS DA MASTURBAÇÃO

Um dos últimos brinquedos da tecnologia do prazer é um vibrador feito com materiais hipoalergênicos que se conecta ao MP3 ou ao iPod – já que é compatível com ambos – e harmoniza o ritmo de suas vibrações com o da música que se está escutando. E quanto mais se aumenta o volume, mais se intensificam as ondulações. O objeto é cilíndrico, de quase 19 cm, e vem com uma conexão padrão, como a dos fones de ouvido comuns, para ligar ao MP3.

padrões de vibração. Mas não servem apenas para elas; sua forma divertida também anima os homens a sentir seu deslizamento e ondulações pelo períneo, subindo pelo escroto e o pênis, enquanto relaxam em um banho de espuma. Um modelo de golfinho, cuja vibração máxima se localiza em sua boca comprida, tem duplo uso, dependendo da posição em que é colocado, e não só na banheira: as mulheres o posicionam com a boca para cima, de maneira que a descarga seja direta no clitóris, ao passo que os homens o ajustam com a boca para baixo, para que faça contato com a base do escroto e a sensível área do períneo.

Por trás da forma inocente de bonecos, todos esses brinquedos eróticos são complementos eficazes para um jogo a dois na banheira ou na jacuzzi. Criado para esse mesmo fim, existe um modelo muito especial de esponja vibradora em forma de frutas, que pode ser passada pelo corpo todo. Sua peculiaridade é a estranha sensação de um material extremamente mole e esponjoso que, ao mesmo tempo, transmite carícias ondulantes que despertam a sensualidade. Uma vantagem adicional desses brinquedos é que podem ficar discretamente à vista, já que o aspecto não revela seu uso íntimo.

DEDOS E LUVAS VIBRATÓRIAS

Para usufruir a masturbação compartilhada foram criadas luvas e dedos de silicone, de *jelly* ou de plástico. As luvas têm um motor vibrador e superfície com texturas diversas que, ao contato com a pele das zonas erógenas, provocam uma massagem sensualmente excitante. Mais ainda se forem utilizados sobre os genitais. Mas talvez um grande achado seja o chamado *zing finger*. É um dispositivo vibrador do tamanho de uma amêndoa que se prende ao dedo com uma fita de velcro, enquanto o regulador, unido ao vibrador por um fio, é colocado com o mesmo sistema no punho. Ao ser ligado, o dedo indicador ou médio, no qual se prefira usá-lo, transmite sensações únicas ao clitóris, ao ânus dele ou dela ou à vulva. A pessoa sente um prazer particular ao perceber o tato morno do dedo, com uma velocidade de vibração inalcançável para qualquer movimento continuado de um ser humano.

As variações de aplicação são inúmeras: pode ser utilizada para se auto-

Um dia é ela quem coloca a luva vibratória para surpreender seu amante, provocando-lhe estremecimentos desconhecidos em todo o corpo.

Nem todas as invenções da indústria sexual chegam ao mercado, mas não se descarta a possibilidade de que muitas delas, aparentemente insólitas, sejam comercializáveis no futuro. No registro de patentes dos Estados Unidos, existe uma enorme quantidade dessas invenções; entre elas, vibradores com dispositivos que permitem gravar e reproduzir sons e programá-los com seus diferentes padrões de vibração, absorventes internos vibradores, clipes para clitóris, protetores dentais para felação ou máscaras para sexo oral, com lábios e língua de látex.

estimular e brincar com fantasias diversas ou para compartilhar com o companheiro, masturbando-se mutuamente. Um dia é ela quem coloca a luva vibratória para surpreender seu amante, provocando-lhe estremecimentos desconhecidos em todo o corpo, desde a nuca, costas e glúteos, até acabar masturbando-o. Em outro momento ele é quem faz uma massagem sensual nela, mudando a intensidade de vibração até chegar às zonas erógenas mais sensíveis para levá-la ao orgasmo só com o uso da luva.

O uso do dedo vibratório é similar, mas seu efeito é mais eficaz quando se concentra em áreas específicas: clitóris, mamilos, nuca, orelhas, pescoço, orifício do ânus ou da vagina, escroto, períneo. É muito fácil de pôr e tirar, o que permite utilizá-lo em um dado momento da relação e depois prosseguir sem ele, ou vice-versa.

Geralmente, os hábitos de uso indicam que primeiro se compra o dedo vibratório e depois, ao descobrir seus benefícios, passa-se para a luva. Também podem ser combinados para compartilhar os efeitos: enquanto um acaricia com a luva, o outro dá esse toque tão especial com o dedo.

BRINQUEDOS ERÓTICOS

Os efeitos masturbatórios da luva e do dedo também podem ser combinados com o coito. Durante a penetração, ela pode acariciar seu amante com a luva vibratória estimulando as nádegas ou o ânus, passá-la pela nuca ou enredar os dedos enluvados em seus cabelos. Quando é ele quem a usa, pode levar a mão ao púbis dela provocando-lhe uma dupla sensação de prazer. As possibilidades são inúmeras, tantas quanto permitir a imaginação de quem os incorpore às práticas sexuais.

Ronronava como uma gata. Sentia o prazer das carícias em seu corpo e se agitava. Sua pele ansiava que ele a tocasse suavemente com as mãos. Na cama, ele estava recostado nos travesseiros e ela, deitada em cima com as costas apoiadas no peito de seu amante. Sentia-se protegida naquele encaixe morno e sensual. Suas sensações eram múltiplas, e podia distinguir os diferentes focos de prazer: o calor e os pelos do peito dele tocavam sua coluna vertebral e faziam um formigamento agradável subir até a nuca; o pênis transmitia suas pulsações e a morna dureza na parte baixa de suas costas. Ele lhe dedicava todo o tempo, e com extrema suavidade fazia carícias com a luva vibratória que havia ligado instantes antes: aqueles suaves estremecimentos a fascinavam, e ele sabia disso. Primeiro, acariciou seu pescoço, e um suspiro profundo quebrou o silêncio do quarto. Depois, a mão enluvada desceu fazendo círculos para que o magnetismo daquelas ondulações a fizesse estremecer. Finalmente chegou a um seio e foi acariciando-o com a luva. Ela fechava os olhos, abria as pernas, dobrava os joelhos, sentia que a excitação começava a vencê-la. Ele deslizou a outra mão timidamente em direção ao umbigo, para não interromper a atenção centrada no seio. Mas logo começou a brincar com os dedos no monte de Vênus, a enredá-los nos pelos púbicos e a apalpar com suavidade a umidade dos lábios inflamados de desejo. Ela respondeu àquelas carícias íntimas elevando os quadris como se pedisse imperiosamente o toque. Ele levou a mão sem luva à boca da parceira e molhou seu dedo médio com saliva. A seguir, foi diretamente à vulva em busca do clitóris. Ela já gemia de prazer. Mas,

BRINQUEDOS ERÓTICOS

quando a luva vibratória se dedicou ao mamilo em uma massagem giratória e o dedo molhado sincronizou o mesmo movimento no clitóris, já não pôde mais pensar; perdeu o controle. As vibrações que sentia em seu seio se conectaram, como em um passe de mágica, com seu clitóris. Era apenas questão de tempo para a explosão.

OBJETIVO: CLITÓRIS

Todos os vibradores, cedo ou tarde, acabam estimulando o clitóris como ponto máximo do prazer feminino. Em toda masturbação, mesmo que se pretenda brincar de ter orgasmos sem tocá-lo, o clitóris é um ímã cujo magnetismo é incontrolável quando a paixão transborda. E, além de tudo, é o núcleo orgástico. Por essa razão, todos os vibradores fálicos e não fálicos, em especial quando dispõem de uma ponta vibradora, podem ser aplicados sobre o clitóris. Porém, existem muitos brinquedos projetados especificamente para excitá-lo. Como um pequeno vibrador que termina em uma flor de silicone e que envolve o clitóris e a vulva rodando com suavidade sobre sua superfície. Outro tem na ponta um mecanismo circular com a forma e dispo-

> **Línguas vibratórias** mais estreitas que as realísticas, fabricadas com *jelly* ou silicone, são usadas para praticar o "beijo negro". Sua estreiteza permite iniciar uma suave penetração no esfíncter e estimular toda a coroa anal, como se fosse uma língua real.

Muitas mulheres, ainda hoje, reprimem seus desejos por medo, pudor ou pelo desconhecimento do próprio corpo. Escolher um vibrador que se ajuste a seus desejos e comprá-lo é um passo importante para lutar contra as repressões culturais que inibem sua sexualidade. Utilizá-lo sem medo nem preconceitos é um segundo passo muito importante nessa busca da liberdade sexual. E quando se quer dar o terceiro passo e compartilhá-lo, já é uma escolha pessoal. Quem conseguir dar os três passos terá superado as barreiras que o separam do prazer.

sição de um massageador comum, mas com o tamanho exato para estimulá-lo com sua suave, mas persistente, ondulação.

Alguns modelos combinam design com eficácia: vibradores que têm forma similar a um celular de última geração, mas cuja curvatura e redondeza nas pontas apresentam formas anatômicas perfeitas, possuem uma ponta arredondada com um objetivo muito evidente. Os vibradores clitorianos também têm variações especiais. Bombas de sucção que se aplicam diretamente no clitóris como se fossem pequenas máscaras de oxigênio que criam um vácuo e cuja pressão é regulada por meio de uma pera de borracha: quanto mais se aperta, mais aumenta o vácuo e o órgão do prazer se sensibiliza como se alguém o estivesse chupando. Esses brinquedos têm uma variação dupla: a bomba sugadora também estimula a vulva ao adicionar-lhe um vibrador silencioso, de intensidade suave e ajustável, que aumenta ainda mais as sensações.

Mas nem sempre basta imaginar uma boca quente que se coloca sobre o clitóris. Também existem línguas vibratórias. Sua função é previsível: a simulação de uma cunilíngua controlada e sob medida. Para isso, há modelos de línguas elaborados com materiais similares em consistência, cor e textura à pele humana. Alguns modelos têm vibrações com rotação na ponta, com movimento de cima para baixo ou de um lado para o outro. E, claro, com diferentes intensidades que permitem um *crescendo* de acordo com as sensações. Os modelos de *jelly* são fantasiosos, com cores muito vivas e diferentes texturas na parte mais larga, que podem ser utilizados também para estimular os lábios da vulva, imitando lambidas vibrantes. Alguns têm controle integrado e outros, remoto, para que o amante o comande quando a masturbação é a dois. Evidentemente, a fantasia que uma língua proporciona abre enormes possibilidades para qualquer parte do corpo. Para os homens também é muito satisfatória, aplicada a baixas intensidades, no orifício da uretra, na glande e no períneo.

ESTIMULADORES DE MAMILOS

A alta sensibilidade dos mamilos, estimulados convenientemente, provoca intensas sensações. Não são apenas mais

Os mamilos não são apenas mais uma zona erógena, mas provavelmente uma das mais excitantes depois dos genitais.

ALIADOS DA MASTURBAÇÃO

uma zona erógena, mas provavelmente uma das mais excitantes depois dos genitais. Assim, um jogo sexual completo, com uma masturbação que cresça dos toques mais serenos até o orgasmo interminável, raras vezes deixa os seios de lado. Os vibradores mais tradicionais para mamilos têm forma de pinças e transmitem diferentes intensidades de vibração para manter a estimulação; há também discos sugadores que se colocam em cada mamilo para provocar sensações simultâneas de absorção, que os endurecem, e estremecimentos estimulantes em forma de descargas vibratórias. O sugador é parecido no conceito: é um tubo de *jelly* que faz vácuo no mamilo, ligado a uma pera com vibrador mediante um tubo flexível de pouco mais de meio metro, por onde é acionado.

BRINQUEDOS PARA ELE

As técnicas masturbatórias masculinas até bem pouco tempo estavam agrupadas em função das diferentes formas de colocar as mãos no pênis, como estimulá-lo, onde, com que intensidade... Essas técnicas eram válidas tanto para as práticas a sós como para as experiências a dois, quando as mulheres, também com as mãos, aprendiam os ritmos masturbatórios de seus amantes, a pressão adequada sobre o pênis e a intensidade de atrito na pele. Atualmente, essas técnicas antigas e eficazes têm recebido a inestimável ajuda de inúmeros brinquedos que, de certa maneira, revolucionaram a conservadora masturbação dos homens.

Elaborados com silicone e pele artificial, que lhes dão um aspecto real, existem torsos com seios de mulher, flexíveis e quentes, com um toque natural. Costumam ser grandes para que se possa colocar o pênis entre eles e masturbar-se com um movimento de entrada e saída pelo decote artificial.

Com o mesmo material fabricam-se vaginas com os lábios da vulva e o orifício apertado, mas flexível, para poder penetrá-lo. O interior da vagina é texturizado para que, durante o movimento reiterado de entrada e saída do pênis, a estimulação aumente com o atrito. Essas mesmas condições e materiais se repetem em simuladores de ânus. Todos eles são cilíndricos e têm um tamanho um pouco maior que um pênis, para poder segurar nas mãos durante a penetração masturbatória.

Modelos mais sofisticados e realísticos apresentam vulvas com clitóris e ânus na mesma peça como se fossem parte de uma boneca de tamanho natural. Essas vaginas, ânus ou bocas também têm versões feitas com um silicone similar ao utilizado nas próteses médicas, de maneira que sua textura macia recorda o tato e a temperatura da pele humana.

PONTOS SENSÍVEIS

As ondas vibratórias que esses brinquedos produzem, em geral, têm um grande alcance. Sua transmissão pelos filamentos nervosos permite brincar de descobrir constantemente novos recantos do corpo onde se percebe uma sensação diferente da anterior. Um estímulo suave e em círculos na cabeça é distribuído como uma corrente elétrica inicialmente pelas orelhas e lóbulos, depois pelo rosto e pescoço; então corre para os mamilos, segue seu caminho pelas costas e se prolonga até acabar no ânus e na vulva. Trata-se de uma suave sensação; uma lenta e agradável excitação que cresce e se renova quando o vibrador muda de intensidade e de lugar.

Buscar as axilas, a delicada pele da cintura, as laterais do torso, desperta desejos inesperados. Não menos que brincar no espaço entre os dedos dos pés, a pele sensível atrás dos joelhos ou o interior das coxas. Pular de uma área para outra do corpo deixa a estimulação menos previsível e impede que a mente se acostume e perca seu efeito gratificante.

Em outras zonas erógenas, os preâmbulos elevam a capacidade de sentir prazer e preparam para o momento oportuno. Ao estimular o peito do homem, a maioria das mulheres não se dirige diretamente aos mamilos. Se não houver uma preparação, será um estímulo muito agressivo, de modo que é conveniente começar com uma mas-

> **Buscar as axilas, a delicada pele da cintura, as laterais do torso, desperta desejos inesperados.**

sagem lenta e em círculos por todo o peito, até que os mamilos endureçam e se acostumem a receber as vibrações que os levarão ao gozo.

A caminho dos genitais, o umbigo provoca estremecimentos especiais. E se para manter a excitação viva se desejarem mudanças inesperadas, a sola dos pés é um dos pontos mais sensíveis, que, como o estímulo na cabeça, espalha as sensações por todo o corpo quase instantaneamente.

Começar a massagem por esses pontos, longe dos centros nevrálgicos do prazer, também serve para que a libido comece a fluir, a temperatura do corpo aumente, ampliando a expectativa, criando desejo... seja para avançar no prazer de uma masturbação a sós ou a dois, ou para complementar a relação sexual.

DÚVIDAS MAIS FREQUENTES

Os brinquedos eróticos metálicos são recomendáveis ou têm alguma contraindicação?
Em geral, não existe problema algum em utilizá-los. É apenas questão de preferência, de gosto. Sua escolha inclusive está relacionada, muitas vezes, com as fantasias. São feitos em diversos materiais: desde aço cirúrgico, como os *piercings*, até alumínio. Porém, vale a pena se certificar, lendo as descrições do produto ou

perguntando, se contêm ligas que incluam níquel ou cobalto, pois algumas pessoas são alérgicas a esses metais e não sabem disso. O contato com esses materiais costuma provocar dermatite.

Usar uma esponja vibratória na banheira com meu amante pode nos ajudar a quebrar a rotina?
Utilizar um vibrador com o parceiro é um estímulo a mais que aumenta o prazer de ambos. Brincar com a esponja vibratória nas costas e nas nádegas dele, acariciar sua glande com ela ou passá-la pela sola dos pés pode ser muito divertido e prazeroso. Depois, ele pode retribuir o prazer recebido passando-a pelos seios dela, pela face interna das coxas e, finalmente, terminar no clitóris. Na realidade, trata-se de assumir com naturalidade e positividade o uso de um brinquedo erótico que os levará a novas experiências.

Se eu ficar acostumada a me dar prazer sozinha com um vibrador, corro o risco de a relação com meu amante depois parecer insatisfatória?
Existem incontáveis práticas sexuais e todas são complementares; buscar o prazer a sós e a dois não tem por que serem mutuanente excludentes. Desfrutar da autossatisfação tem conotações e efeitos muito diferentes dos que se atingem na relação sexual. Masturbar-se permite se conhecer melhor e descobrir zonas e sensações que depois podem ser levadas para a relação sexual. Toda prática que mantenha a libido viva e ativa contribuirá para uma vida sexual melhor.

Os masturbadores masculinos podem danificar a delicada pele do pênis?
Como em todos os brinquedos, é conveniente seguir as instruções e tomar certas precauções. A maioria dos masturbadores

ALIADOS DA MASTURBAÇÃO

masculinos que imitam o órgão sexual feminino, o ânus ou a boca são feitos com materiais moles e flexíveis, embora sejam estreitos, porque a "magia" desse tipo de estimulação está justamente no contato e no atrito. Por essa razão, é conveniente dilatar o silicone um pouco com os dedos e cobrir o pênis com um lubrificante, para evitar que o atrito seco com a pele provoque escoriações. Embora o prazer da penetração se perca um pouco porque o pênis desliza com facilidade, sem pressão, será compensado com as pequenas pontas ou bolas do interior da vagina artificial, ali postas para provocar estimulantes sensações no corpo do pênis e na glande, sem causar lesões.

BRINQUEDOS INFLÁVEIS

"O maior perigo de Paris são as incontroláveis prostitutas, cada vez mais comuns, procuradas pelos clientes em bares, casas noturnas e outros lugares. É nosso dever evitar que os soldados arrisquem sua saúde só pelo prazer de uma aventura rápida (...)." Esse fragmento da carta que o chefe da SS nazista, Heinrich Himmler, enviou em 20 de junho de 1940 a Hitler, queixando-se da situação que enfrentavam os ocupantes alemães na capital francesa, foi o primeiro passo para justificar uma pesquisa que andava na cabeça do ditador austríaco: a criação de uma boneca inflável, o mais parecida possível com uma mulher real, para que os soldados da Wehrmacht carregassem na mochila. Uma precaução para não contrair doenças venéreas e, segundo a esquizofrênica mente racista do ditador, para não misturar seus fluidos de "arianos puros" com os de mulheres "estrangeiras". Assim, colocou-se em andamento um projeto ultrassecreto que ganhou maior impulso poucos meses depois, antes da chamada Operação Barbarossa (a invasão das tropas nazistas na Rússia). O projeto foi confiado ao cientista dinamarquês Olen Hannussen, que o batizou de *Borghild* (em dinamarquês, boneca do povo), e foi supervisionado pelo médico nazista Joachim Mruergowsky, chefe do Instituto de Higiene de Berlim.

Em 1941, a equipe de Hannussen obteve três protótipos que atendiam aos padrões e requisitos impostos por Hitler: tamanho e aspecto natural, 1,76 m de altura, branca, loura, seios grandes, cabeça e extremidades articuladas e umbigo bem marcado; mas, aparentemente, não se conseguiu produzir o material flexível que teria a máxima similaridade com a pele humana. As atletas alemãs Wilhelmina von Bremen e Annette Walter foram as modelos desses protótipos. Quando tudo parecia pronto para a produção em série, a fábrica, localizada em Dresden, voou pelos ares em um bombardeio.

Depois da Segunda Guerra Mundial, as pesquisas tecnológicas dispararam, e o que os nazistas não conseguiram deu certo no início da década de 1950, com uma boneca um tanto primitiva de celuloide, que pode ser considerada a predecessora das modernas, que começaram a ser comercializadas principalmente nos Estados Unidos há quase 40 anos.

NASCIDAS PARA EXCITAR

Brincar de boneca não é coisa de meninas nem de meninos. É um divertimento erótico muito difundido e focado nas mais diversas combinações lúdicas que não signifiquem dependências ou substituição afetiva de seres humanos.

Nos Estados Unidos, na França e no Japão, a indústria das bonecas infláveis para jogos eróticos avança de maneira vertiginosa. Até duas décadas atrás, tratava-se praticamente de bonecas-balão de borracha ou fabricadas com um plástico um pouco mais resistente que eram infladas como hoje se faz com as grandes boias levadas à praia. Os traços mais relevantes estavam pintados e seus relevos eram poucos.

As bonecas tinham duas aberturas: uma na boca, que dava ao rosto uma expressão de espanto, e outra na vagina. Ainda existem essas bonecas originais: são comercializadas a baixo preço e costumam ser utilizadas, em geral, para brincadeiras em aniversários ou despedidas de solteiro.

A dimensão erótica que as bonecas e bonecos ganharam está ligada aos esforços para conseguir uma semelhança cada vez mais genuína com uma mulher ou um homem reais. A diversidade transformou o mundo das bonecas eróticas, e as surpresas surgem a cada passo para quem o desconhece e deseja adentrá-lo para observar e, talvez, experimentar...

A oferta majoritária e mais variada é de bonecas. São compradas, geralmente, como um kit para montar em casa, com uma bomba e diversos

A dimensão erótica que as bonecas e bonecos ganharam está ligada aos esforços para conseguir uma semelhança cada vez mais genuína com uma mulher ou um homem reais.

> **Os símbolos** fálicos perderam certa seriedade cerimonial em nossa época e seu uso obedece mais a questões de divertimento. É por isso que as mulheres que fazem despedidas de solteira ou festas privadas conseguem surpreender suas convidadas com pênis infláveis de vinil, cor de pele, capazes de atingir mais de 1,80 m de altura. Um verdadeiro monumento à fantasia.

acessórios opcionais. Cada uma pode apresentar incontáveis combinações, de acordo com o preço.

Fabricadas com látex ou então silicone, algumas têm a cabeça com olhos articulados que piscam, cabelo artificial bastante sedoso ao tato e as três aberturas – boca, vagina e ânus – de materiais variáveis que garantem texturas similares às naturais. Há outras com as extremidades articuladas que permitem colocar a boneca em diversas posições. Outras já vêm em uma posição específica, por exemplo, com uma perna levantada, mostrando a vulva. Alguns modelos permitem extrair os dispositivos da boca, ânus e vagina para transformá-los, separados, em masturbadores masculinos, independentes da boneca.

Se a parte prática é fundamental, a aparência também é, já que a fantasia e o divertimento começam justamente com a imagem que as bonecas transmitem. É possível que existam mais combinações do que se pode imaginar: brancas, negras, com traços orientais, cabelos louros, pretos ou ruivos, gordas, magras, com seios grandes ou pequenos e de diferentes formas.

REAIS E ARTICULADAS

Causa certo espanto quando se pensa no mais alto padrão das bonecas. Aquelas cujo preço se situa, às vezes, acima dos 6 mil euros.

Trata-se de réplicas humanas que precisam ser transportadas em caixas do tamanho de um sarcófago. Seu corpo é criado por designers e escultores que se encarregam dos detalhes do molde final para a produção. O processo de elaboração é tão cuidadoso que seu corpo de silicone injetado é articulado mecanicamente para permitir que a boneca adote posições similares às de uma pessoa. Segundo a amplitude das articulações e a resistência do silicone, as diversas posições em que ela pode ser colocada são mais naturais. Depois de montadas, os criadores preparam sua aparência com minúcia: cuidam da maquiagem, fazem manicure e inserem, um a um, os pelos do púbis. Em alguns modelos utiliza-se pelo natural, como na cabeça. As mãos são uma reprodução quase perfeita das humanas, arrematadas com unhas postiças. E até as áreas do corpo geralmente ocultas, como a parte interna dos joelhos e a sola dos pés, reproduzem as linhas e as dobras da pele real.

Algumas fábricas de bonecas de alta qualidade têm grandes mostruários que permitem ao cliente escolher entre corpos diferentes com pesos que oscilam entre 30 kg e 55 kg; estaturas que vão de 1,55 a 1,80 m; cinturas com medida entre 55 cm e 65 cm, e quadris entre 86 cm e 91 cm. Os seios não são escolhidos só por tamanho, mas também por forma.

BRINQUEDOS INFLÁVEIS

Nem todas as bonecas articuladas são iguais; existem diferenças entre as muitas fábricas que se dedicam a sua elaboração. Algumas escolheram, para maior sofisticação, o uso da "ciberpele", um material de última geração que imita a consistência e a textura da pele e as mucosas humanas.

O filme começou a se reproduzir em sua mente. Fechou os olhos por um instante e se deixou levar pelas fantasias. Estava nu, como nesse momento, e sua vizinha do terceiro andar – que o excitava quando via sua saia voar pelas escadas, que empinava as nádegas para introduzir a chave na porta do apartamento, que deixava o elevador tomado por uma fragrância de puro feromônio – estava ali, em sua cama. Essas cenas foram suficientes para excitá-lo. Seu pênis ereto roçava a ciberpele quente e suave daquela boneca quase real. Era articulada, de modo que podia fazê-la realizar obedientemente sua primeira fantasia: deixá-la de joelhos para introduzir seu membro na boca aberta dela. Com o contato, a boneca acionou uma gravação de gemidos que invadiam o quarto como se fosse um sentimento genuíno. Ele se agitava, segurava a cabeça dela e punha e tirava o pênis daquela boca, que

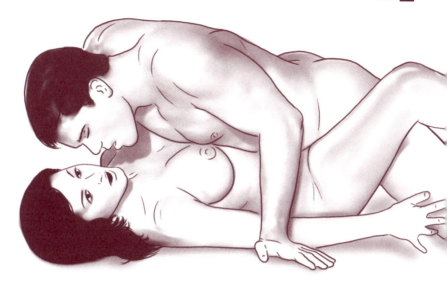

cada vez parecia mais quente e o apertava o suficiente para despertar sensações voluptuosas. De repente, sentiu necessidade de deitar a boneca na cama, abriu-lhe um pouco as pernas, lubrificou-se e se colocou sobre ela. Sentiu seu corpo transferir o calor àquele outro inanimado, tocou seus seios modelados como se fossem os seios duros de uma mulher, com os mamilos duros e prontos para serem chupados. A seguir, penetrou a estreita e flexível vagina de silicone. O toque era tão perfeito que, quando acionou o sistema de vibração, uma descarga percorreu todo seu corpo e o abalou até que seus quadris se mexeram como autômatos impulsionados pelo desejo.

FUNÇÕES ESPECIAIS

Os seios dessas bonecas refinadas são hiper-realistas, e isso se constata tanto ao vê-los quanto ao apalpá-los. São elaborados com silicone de prótese cirúrgica, como o utilizado nas operações estéticas. Em alguns modelos há dispositivos de reconhecimento de voz, que respondem aos estímulos verbais endurecendo os mamilos. Também podem imitar uma respiração agitada e até gemer durante a penetração. A vagina e

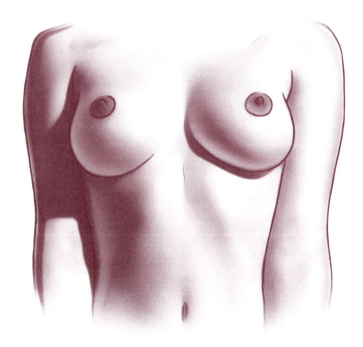

o ânus têm cavidades que podem igualmente dispor de sensores de vibração comandados por controle remoto ou por simples contato. Dependendo da qualidade da boneca, os vibradores internos têm mais ou menos intensidade e programas de vibração, para satisfazer as necessidades mais variadas. E essas áreas podem até se umedecer, imitando os fluidos secretados pela vulva em plena excitação.

Além disso, a vagina e o ânus apresentam uma característica especial: podem ser fixos, inseridos no mecanismo de articulação, ou móveis e removíveis, para facilitar a higiene. Essa particularidade permite trocar o modelo de vagina, para transformar as sensações ou para montar uma com ajuste mais estreito. As reposições ou modelos diferentes podem ser adquiridos nas fábricas ou em lojas especializadas que vendem pela internet. E o que as torna mais próximas da realidade é que muitos desses materiais novos são capazes de adotar a temperatura ambiente e, às vezes, estão dotados de termostatos que regulam a temperatura corporal da boneca até 36 graus. Mas esse nível de sofisticação já é para quem o solicita de maneira específica.

A vagina e o ânus podem ser fixos, inseridos no mecanismo de articulação, ou móveis e removíveis, para facilitar a higiene.

A FANTASIA TAMBÉM EXISTE

As bonecas são um brinquedo erótico de tamanho grande com um toque de realismo que, se não é mágico, se aproxima bastante, pois acelera o jogo das fantasias. E sua enorme variedade, além das diferenças de qualidade, preço ou funções, visa incentivar a imaginação. Alguns modelos que se encontram em uma escala intermediária de qualidade-preço – entre as mais simples e as "quase humanas" – brincam com a fantasia. Em muitos casos, dispõem de vibração anal e vaginal, e a boca tem um sistema de adaptação ao pênis, de tipo mecânico ou por bombas de sucção para felações "sob medida". Mas talvez seu maior atrativo seja o fato de terem sido criadas para satisfazer ilusões ou sonhos eróticos recorrentes. Os materiais variam, mas costumam ser de silicone, com detalhes de ciberpele nas zonas mais sensíveis, e têm um acabamento que permite suportar um peso entre 120 kg e 150 kg. Algumas têm traços serigrafados que reproduzem as sugestivas mocinhas eróticas dos mangás ou trazem um kit adicional com roupa de bombeira, enfermeira, militar, sereia, entre

Talvez o maior atrativo das bonecas seja o fato de terem sido criadas para satisfazer ilusões ou sonhos eróticos recorrentes.

BRINQUEDOS ERÓTICOS

muitos outros disfarces que despertam a libido. Na mesma linha, evocam-se mitos históricos do erotismo, como Cleópatra, ou, muito mais próximos no tempo, as atrizes pornô da moda, cujo corpo é reproduzido para satisfazer os seguidores de seus filmes.

Também não faltam as superobesas, ou as de seios grandes, capazes de abrigar o pênis entre os seios para a masturbação. E até transexuais, com um corpo de mulher perfeitamente delineado e um pênis vibrador de quase 20 centímetros.

BONECOS E PÊNIS

O século XXI se profetiza como o século da mulher. Quer dizer, durante seu decorrer, e se as forças das mudanças culturais continuarem na mesma direção, pode ser que as décadas vindouras vejam uma sociedade mais igualitária, pelo menos na convivência de ambos os sexos. Porém, até muito pouco tempo atrás, a cultura machista prevalecia com tanta força que se refletia também na indústria erótica, visto que tinha os homens como principais consumidores. Desse modo, as bonecas sexuais abar-

Fabricam-se colchonetes infláveis flutuantes individuais com a imagem de uma mulher nua serigrafada no plástico, com a abertura da vagina, igual à das bonecas, para ser penetrada enquanto se toma sol de bruços boiando na piscina ou no mar.

cam uma enorme porcentagem do mercado de bonecos eróticos. E, embora já sejam usados indistintamente por heterossexuais, lésbicas ou homossexuais, individualmente ou em sexo grupal, a verdade é que a demanda por bonecos é mais rara, e, portanto, há menos variedade. A maioria é feita em fábricas norte-americanas.

As características dos bonecos são exatamente as mesmas que as descritas nas versões femininas, tanto em materiais quanto em funções específicas: podem ser infláveis ou articulados, de silicone, ciberpele, *jelly* ou combinados, de acordo com a zona erógena do boneco. Também atendem às fantasias, com roupas de caubói, bombeiro, policial, médico, lutador, dominador com roupa de látex preta e muitas outras. E seu aspecto musculoso ou com "cara de menino bonzinho", branco, mulato ou oriental, amplia o espectro para cobrir todos os desejos.

O pênis costuma ser vibrador e, segundo a qualidade do brinquedo, pode ser trocado e ter diversas intensidades. Em geral é realístico e, conforme os modelos, tem dispositivos que permitem controlar a vibração e até a ejaculação. Os bonecos também têm mecanismos

O dildo dos bonecos mais sofisticados é realístico e, conforme os modelos, tem dispositivos que permitem controlar a vibração e até a ejaculação.

articulados especiais que os fazem mexer os quadris para a frente e para trás. Mas não são pensados apenas para penetrar e exibir a imagem clássica masculina heterossexual: sua boca e ânus também são elaborados com materiais sensíveis para jogos de penetração homossexual ou para o caso de alguma mulher decidir colocar uma cinta com prótese de pênis para experimentar. Nas penetrações anais, é conveniente utilizar lubrificação, apesar de os materiais serem suaves, flexíveis e modeláveis.

Como complemento dos bonecos, existem pênis infláveis nas cores de pele preta ou branca. Têm a aparência de pênis flácidos e são unidos por um tubo plástico na ponta inferior a uma pera que insufla ar para deixá-los eretos já dentro da vagina ou do ânus. São um complemento válido para uma dupla penetração na companhia do boneco.

> **O mecânico**
> aeronáutico Michael Harriman, de Nuremberg, na Alemanha, diz ter criado a boneca inflável mais realista da história. Durante o ato sexual, ela arfa, seu coração bate mais forte e sua temperatura corporal aumenta, exceto os pés, que permanecem frios, "como na vida real". Segundo Harriman, é quase impossível distinguir suas bonecas de uma mulher real.

A tentação foi mais forte. Mistura de curiosidade e fantasia. Quanto mais navegava pelos sites pornôs durante a noite, mais se detinha nas ofertas de bonecos infláveis. Sentia uma atração especial. Finalmente havia se decidido, e agora lá estava ele com ela na cama. Estava a sua disposição. Queria experimentar tudo, absolutamente tudo. Até havia pensado em comprar uma cinta com dildo para penetrá-lo, mas isso ficaria para depois. Agora, tinha um mundo a explorar. O boneco musculoso era suave ao tato. Ela passou as mãos desde os cabelos suaves dele até os dedos dos pés, em um reconhecimento sensível. Depois, cobriu a boca e os mamilos dele com geleia e começou a lambê-los como se fosse uma bala. Enquanto isso, apertava os músculos de silicone e sua excitação lhe dizia que eram, em alguns casos, melhores que os de muitos de seus amantes. Seus lábios percorriam todas as dobras, enquanto seu corpo nu ganhava mais ardor a cada toque. Ela estava no comando e podia fazer o que quisesse, quando quisesse. Acabou de degustá-lo e virou-o. Colocou-o de joelhos e sua língua passou primeiro a

lamber e depois a explorar aquele ânus especial. Excitava-se especialmente de pensar que se atrevia a fazer algo novo, algo que até esse momento havia sido quase proibido. Suas mãos se cravavam nas nádegas de silicone e a ponta de sua língua entrava naquele orifício quente. Cada vez se sentia mais excitada. Seus mamilos roçavam e giravam contra aquelas nádegas macias. Não podia esperar; virou-o e esfregou um dos braços musculosos dele em sua vulva úmida. Estava surpresa com as intensas sensações que percebia, ocorriam-lhe muitas coisas, e todas ao mesmo tempo. Colocou o boneco virado para cima e começou a chupar seu pênis com afã. Não tinha que se controlar. Tampouco precisava tomar cuidado com o ritmo; a única coisa que importava era seu próprio desejo. Chupava e lambia o pênis com os lábios, até que sua saliva o deixou tão lubrificado que não teve problemas para se sentar nele e introduzi-lo em sua vagina, muito lentamente. Quando o sentiu lá dentro fez uma pausa e ligou o vibrador em intensidade média. As ondas se espalharam por todo seu corpo; esperou alguns segundos e começou a cavalgar enquanto começava a perder a noção da realidade e as sensações lhe prometiam mais de um orgasmo.

BRINQUEDOS INFLÁVEIS

> Os bonecos eróticos foram popularmente considerados brinquedos de companhia para atenuar a solidão.

SOZINHO OU A DOIS

Os bonecos eróticos foram popularmente considerados brinquedos de companhia para atenuar a solidão. Nada mais longe da realidade. Hoje, sua venda bate recordes e atende mais a uma desinibição tanto de homens e mulheres sozinhos quanto de casais, sem levar em conta suas preferências ou compatibilidades sexuais. O uso a sós favorece um grau mais alto de fantasias na masturbação. Mas, quando utilizados em um trio com o(a) amante, a diversidade lúdica dispara. Boneco(a) mais casal pode ser o primeiro passo para levar um terceiro para a cama e usá-lo para quebrar a rotina, acrescentar excitação e depois deixá-lo de lado, sem problemas para prosseguir na relação a dois. No sexo em grupo costuma ser muito eficaz, porque ajuda a tirar a tensão da situação por meio da brincadeira e do humor, o que contribui para uma maior desinibição.

O jogo pode chegar até os horizontes que cada um desejar. Há pessoas que se relacionam ludicamente com eles: colocam nomes, vestem-nos, trocam a roupa deles, dão-lhes banho e, claro, mantêm relações sexuais com eles, o que é o objetivo final. Mas o voo da imaginação é tão ilimitado que outras pessoas os vinculam a brincadeiras infantis e a suas primeiras aventuras sexuais. Ou então as pessoas podem realizar os jogos íntimos que não se atrevem a comentar nem sequer com as pessoas mais próximas.

Falando em sensações, o toque dos materiais faz diferença. Os bonecos mais realistas, que têm uma textura e temperatura muito próximas às humanas, são escolhidos por aqueles que querem reproduzir as mesmas sensações que têm com uma pessoa. Os sentidos ficam aguçados e desfrutam do tato, da visão, do sabor e do cheiro com uma liberdade total, porque nesse caso o companheiro sexual não impõe limites. Penetrar uma suave vagina de silicone ou lamber seios sensuais com alguém que se entrega totalmente é, para muitos homens, uma experiência especial, diferente. Ter relações sexuais com uma boneca não é excludente; tanto um homem que tenha relações esporádicas quanto quem tem uma vida sexual muito ativa pode desfrutá-la. Isso também é válido para as mulheres, que em muitos casos se sentem liberadas com um boneco inflável que as faz gozar sem nenhum tipo de restrição.

O uso a sós favorece um grau mais alto de fantasias na masturbação. Mas, quando utilizados em um trio com o(a) amante, a diversidade lúdica dispara.

Compartilhar a intimidade com um boneco de silicone é uma opção lúdica tão válida quanto qualquer outra, em um cenário em que o jogo prevalece.

QUESTÃO DE LIBERDADE

A liberdade sexual tem um único limite: forçar alguém a fazer o que não quer. Tudo aquilo que se faz tendo a idade legal para decidir e o desejo de experimentar é legítimo. Porém, essas decisões não são apenas lícitas, mas também moralmente válidas; por isso, julgar alguém por não concordar com sua forma de agir é reprimir sua sexualidade. A diversidade de pensamento, que enriquece a vida diária, faz que nem todos concordem no que diz respeito a suas preferências sexuais: às vezes, o que dá prazer a alguns provoca rejeição em outros. Assim, a decisão de compartilhar a intimidade com um boneco de silicone é uma opção lúdica tão válida quanto qualquer outra, justamente em um cenário onde prevalece o jogo e a boneca é incorporada como mais uma alternativa, entre muitas outras, para obter um prazer novo, uma experiência curiosa e satisfatória ao mesmo tempo.

No caso das mulheres há um valor agregado: a liberdade sexual ainda está em processo de conquista social, falando legal e moralmente. Elas ainda são julgadas por condutas sexuais que para os homens são consideradas naturais. Se uma mulher decide comprar um boneco, como no caso dos vibradores, e manter as relações que quiser; se ela se diverte sendo penetrada por esse pênis realístico, controlando seu ritmo e sua vibração; se lhe apetece transformar essa relação em uma aula para treinar posições, por que não fazê-lo? Se um homem heterossexual deseja fazer o mesmo com uma boneca, quem tem direito de censurá-lo, e por quê? Se um homem homossexual deseja integrar um boneco divertido e ativo sexualmente como os que são oferecidos nos sex shops para dar asas a sua imaginação mais íntima e obedecer ao desejo de sua sexualidade, com que direito alguém se atreveria a julgá-lo?

Há dez anos o Japão é o principal produtor de bonecas sexuais feitas à imagem e semelhança das mulheres reais. Apesar dos preços muito elevados de seus produtos, algumas empresas fabricantes de bonecas, como a Oriental Industries e a Doll No Mori, multiplicaram suas receitas nos últimos cinco anos.

MÓVEIS INFLÁVEIS

Se a moral repressiva fica em alerta diante de um boneco sexual de aparência humana, a inibição parece desaparecer quando se trata de móveis infláveis. Os colchões, poltronas ou camas infláveis agregam voluptuosidade às relações sexuais. Trata-se de uma cenografia

Uma fantasia clássica recria a cena de se masturbar em uma poltrona plástica inflável, enquanto se boia à deriva na piscina.

onde a imaginação dispara porque, em muitos casos, esses móveis foram pensados para o prazer e a comodidade e representam uma novidade em relação aos lugares de sempre.

Quando se recorre ao autoerotismo, esses infláveis agregam um toque de fantasia muito estimulante. Entre esses desejos hedonistas há uma fantasia clássica, que é se masturbar em uma poltrona plástica enquanto se boia à deriva na piscina. Para usufruir desses prazeres, existem modelos de poltrona que dispõem de almofadas massageadoras estrategicamente situadas e com seis potências de vibração. Alguns modelos combinam essas funções com a possibilidade de se ouvir a música preferida, relaxante ou sugestiva, por meio de dois alto-falantes. Também se fabricam sofás com uma função específica: jogos de *bondage*. Sua base é muito macia, e contam com um apoio para cabeça e atributos próprios: na parte baixa do móvel há tiras de velcro para prender os pés pelos tornozelos e nos apoios de braço há tiras similares para imobilizar os braços pelos punhos.

A cama inflável é mais prática e diversificada porque pode ser montada tanto no quarto quanto na piscina, no camping... Ou pode também ser levada numa excursão de fim de semana para inflá-la na morna e solitária grama do bosque ou em um recôndito e isolado recanto marítimo. E para muitos mais usos que a imaginação possa conceber.

DÚVIDAS MAIS FREQUENTES

Quem cria o hábito de manter relações com uma boneca corre o risco de acabar caindo em algum tipo de perversão ou de fetichismo?
Não, desde que se tenha claro na mente, desde o início, que a boneca não substitui a necessidade de uma relação real. Ao contrário, agrega-se essa prática para obter um prazer diferente e sem complexos, em uma sexualidade diversificada e extensa. Também não é preciso se assustar com o fetichismo. Mesmo se às vezes ignorado, um jogo fetichista sempre se manifesta em muitas relações sexuais consideradas "normais", de modo que mimar ou cuidar de uma boneca, cuja função é potencializar o prazer sexual, não parece absurdo, faz parte do jogo.

Como escolher a boneca se existe tanta discrição em sua venda?
As grandes fábricas francesas, norte-americanas e japonesas apresentam seus catálogos na internet, assim como os inúmeros sex shops virtuais que oferecem serviços de venda na rede com o máximo de discrição e segurança. As minuciosas descrições revelam desde o tamanho até os materiais e as funções de cada boneca.

A manutenção e a limpeza de um boneco sexual são complexas?

São bastante simples, porque a maioria dos materiais é lavável com sabonete de pH neutro. Só é necessário limpar e secar todos os cantinhos para que não fiquem úmidos, principalmente as cavidades utilizadas para penetração sexual, que têm de ser higienizadas bem para evitar que fiquem restos de fluidos ou lubrificante. Algumas bonecas mais sofisticadas podem requerer uma manutenção específica por conta de seus mecanismos removíveis de vibração ou eletrônicos – reconhecimento de voz, por exemplo. Para isso, trazem um manual de instruções, um kit de limpeza e, se preciso, a possibilidade de consultar a assistência técnica on-line.

Como proponho à minha parceira a ideia de fazermos um trio com uma boneca?

A proposta passa sempre pelo lúdico. Você pode sugerir à parceira uma quebra da rotina; mostre como poderia ser divertido liberar o espaço íntimo dos amantes a ponto de realizar uma fantasia, seja com um boneco (dois homens na cama) ou uma boneca (duas mulheres na cama). Pode ser que esse primeiro passo signifique, além de um divertimento original, um ensaio para a concretização posterior dessa fantasia, mesmo que não seja a intenção inicial.

COMPLEMENTOS DO PRAZER

A princípio, os preservativos foram desenvolvidos para prevenir as doenças sexualmente transmissíveis. Porém, essa origem se perde em uma nebulosa quanto mais se retrocede na história. Há referências às camisinhas desde o Antigo Egito, há uns cinco mil anos, mas não está claro para que eram usadas. Na caverna de Les Combarelles, na França, gravuras e pinturas datadas do Paleolítico superior (entre 15.000 a.C. e 9.000 a.C.) mostram quatro figuras sexuais, entre outras de animais e antropomórficas, que poderiam representar o uso de preservativos primitivos.

Na Idade Média, a calamidade da sífilis e da gonorreia era tão atroz que se tentava deter a grande mortandade que essas doenças provocavam por meio desses mesmos métodos artesanais, com materiais variáveis que iam da bexiga de cabra ao intestino de peixes. No Renascimento, época de mudanças notáveis, por volta de 1550 o médico italiano Gabrielle Fallopius fez uma pesquisa, testando com mais de mil homens o uso de um tecido de linho para comprovar se podia ser uma barreira eficaz para as doenças venéreas. É o precedente científico do preservativo atual. Um século depois, a inquietude do rei Carlos II da Inglaterra por conta das gestações de suas muitas concubinas representou um passo a mais nas pesquisas. Um médico de sua corte, que ao que parece tinha como sobrenome Condom, teria avançado nos estudos de Fallopius. Esse é um ponto de inflexão por dois motivos: seu nome ficou registrado na história e, mais ou menos alterado, chegou até nossos dias como sinônimo de preservativo em vários idiomas. E a causa mais importante: desde então, a intenção do uso desse tecido não é apenas a prevenção do contágio de doenças, mas também a contracepção. Essa questão desatou uma luta de séculos entre a necessidade dos povos de prevenir as doenças venéreas, para garantir uma sexualidade prazerosa e sem riscos, e a rejeição das hierarquias religiosas, que concebem o sexo como um mandamento divino exclusivamente para a procriação.

A vulcanização da borracha, no século XIX, marcou o antes e o depois, já que essa borracha rústica e resistente, embora às vezes se rasgasse, foi o material com o qual os preservativos começaram a ser fabricados em série e comercializados em massa. E mais ainda a partir de 1930, quando o látex líquido substituiu a borracha para dar forma ao preservativo moderno. No fim dos anos 1970, o surgimento da aids como epidemia deu uma importância vital ao uso do preservativo.

MUDANÇA DE IMAGEM

Nas últimas duas décadas, o preservativo adquiriu um acentuado ar lúdico. À medida que se controlaram os surtos epidêmicos de doenças venéreas, ele foi utilizado cada vez mais como contraceptivo. E passou a ser o dispositivo anticoncepcional mais utilizado no mundo. Ganhou tanto destaque que ultrapassou as inibitórias barreiras sociais, já que sua importância se relacionava diretamente com saúde pública, campanhas de planejamento da natalidade, mudanças de hábitos sexuais e prevenção. Sem esquecer, evidentemente, seu relevante papel na luta contra a aids – destaque que ainda tem e que aumenta dia a dia na consciência social.

Mas essa difusão também criou uma necessidade: a de incorporar recursos que permitissem brincar na relação sexual, para que o preservativo não cumprisse só uma função preventiva. Trata-se de uma fórmula eficaz para mudar sua imagem e promover seu uso.

Nos últimos anos deu-se uma explosão no mercado: os novos avanços tecnológicos não só se dedicaram a melhorar sua qualidade e confiabilidade para o objetivo original, como também a torná-los mais divertidos, imaginativos, estimulantes, seguros e confortáveis.

Os preservativos de hoje são bexigas de látex de forma cilíndrica, que

> **Os preservativos** com sabor e cheiro são divertidos e sensuais, mas requerem alguns cuidados no uso, segundo os especialistas. Convém utilizá-los imediatamente após a compra, porque conservá-los por muito tempo acaba diminuindo sua qualidade. Tampouco têm a mesma confiabilidade que os tradicionais, aparentemente por conta dos elementos de fabricação. São aconselháveis também para o sexo oral.

se adaptam ao pênis e se ajustam em sua base por meio de um anel. Têm um pequeno depósito na glande onde se acumula o sêmen ejaculado. Com base nesse design tradicional, são elaboradas atualmente dezenas de variações.

CORES E SABORES

O objetivo lúdico das dezenas de modelos de preservativos oferecidos também contempla fatores de conforto e segurança no uso. Existem de todas as cores: azul, rosa, amarelo, verde, branco e também transparentes. Alguns são fabricados com essências que lhes dão sabor e ligam as cores a sabores determinados: verde-maçã, dourado-baunilha, vermelho-morango ou transparente-coco. São ideais não só para praticar uma felação como também para que o homem alterne, durante a relação, a penetração com a cunilíngua, já que o sabor do preservativo se transfere para a vagina.

Embora não tenham sabores definidos, a maioria das camisinhas é elaborada com um tratamento específico que lhes concede um gosto mais suave, para evitar o forte aroma e sabor do látex original. E, para acrescentar um toque extra de atrativo, existem algumas fabricadas com um pigmento fosforescente não tóxico na camada central, entre duas camadas de látex. Após serem expostos à luz durante pelo menos 30 segundos, podem permanecer brilhando na escuridão por quase 15 minutos.

Todos os preservativos vêm em diversos tamanhos. Alguns variam de comprimento, mas não de amplitude. Os menores beiram os 17,5 cm de comprimento por 5,1 cm de largura, ao passo que os de tamanho extra, desenhados com a parte superior maior, para intensificar as sensações, medem entre 18,3 cm e 20 cm de comprimento e têm entre 5,4 e 5,6 cm de largura, aproximadamente. Outros possuem formato anatômico, ou seja, adaptam-se à forma do pênis, de modo que suas medidas são diferentes: mais largos na glande, mais estreitos sob a coroa da glande e um pouco maiores no resto do membro.

Um preservativo fabricado com um pigmento fosforescente não tóxico pode brilhar por quase 15 minutos na escuridão, após ser exposto por 30 segundos à luz.

Ele conhecia seus gostos. Ela sempre havia adorado, como prelúdio do sexo, molhar levemente morangos bem doces em uma taça de champanhe gelado para lambê-los e deixar desmanchar em sua boca. Aquela mistura de sabores a estimulava, e ele sabia. O jogo essa noite seria diferente; o reencontro merecia. Quando ela tocou a campainha, o cenário já estava preparado: uma bandeja no meio da larga cama com a garrafa de champanhe gelando. Abriu a porta e sentiu-se atraído, como sempre, por aqueles olhos que brilhavam de desejo. Não perderam tempo; seus corpos se entrelaçaram e se devoraram com beijos para recuperar as sensações contidas durante meses. Ela cravou-lhe um olhar voluptuoso enquanto abria o zíper lateral de seu vestido. Quando a roupa caiu ao chão e ficou nua, caminhou lentamente, como se estivesse hipnotizada, até a bandeja. Engatinhou na cama, pegou a garrafa e bebeu diretamente dela: as borbulhas fizeram escorrer um fio de champanhe, que deslizou entre seus seios. E os morangos?, foi sua única pergunta. Ele sorriu e começou a tirar a roupa de forma sensual enquanto ela continuava em cima da cama brincando com o frio da garrafa em seus mamilos duros. Ele pegou um preservativo texturizado com sabor de morango no criado-mudo, colocou-o lentamente e foi para a cama sem falar. Ela aceitava, divertida, o jogo do silêncio e esperava sentada na beira da cama. Ele

acariciou seus seios e aproximou o pênis de seu rosto até tocar-lhe os lábios. Na primeira lambida no látex frutal, ela sorriu e foi introduzindo o membro na boca, centímetro a centímetro, acariciando-o com os lábios, como se quisesse devorá-lo. Deleitava-se com cada lambida. Até que o sabor atingiu a garganta enquanto sua língua brincava de cima a baixo. Aquele morango era delicioso... e ainda restava o champanhe para continuar desfrutando.

A REVOLUÇÃO DO PLÁSTICO

Se a cor e o sabor dão um toque particular, não é menor a sofisticação na apresentação relacionada com as sensações. Existem preservativos elaborados com um látex altamente resistente, mas muito fino – e até mesmo ultrafino e transparente –, que parecem uma segunda pele ajustável ao pênis. Os resultados mais satisfatórios dizem respeito à maior sensibilidade. Mais estimulantes são aqueles que têm na parte externa estrias ou pontos em relevo (um efeito granulado) que, durante a penetração e os movimentos do coito, estimulam a parede vaginal e o clitóris. Os modelos para a excitação mútua têm texturização externa e interna: ao granulado ou estriado externo para a satisfação dela unem-se uns anéis na parte interna do látex, que se contraem e se estendem com o movimento para favorecer a estimulação do falo.

Esses efeitos são resultado dos últimos avanços tecnológicos aplicados ao

Uma experiência tão pouco frequente como colocar o preservativo com a boca requer muita habilidade e prática. Sem dúvida, é muito estimulante para o casal, mas não é fácil de fazer. Primeiro, é preciso firmá-lo na boca, na posição correta, e depois desenrolá-lo pouco a pouco com a ajuda dos lábios e da língua. Convém tentar várias vezes com um dildo para aprender a colocá-lo.

látex, substância derivada da borracha que produziu a revolução das camisinhas e se mostrou a barreira mais efetiva para impedir a passagem de esperma, vírus e bactérias. Porém, há alguns anos estão sendo desenvolvidos preservativos de um material que melhora as qualidades do látex, principalmente nos efeitos que causam na pele: o poliuretano. Esse tipo de plástico conserva as mesmas propriedades de segurança do látex e não provoca alergias, além de ter melhor qualidade de transmissão do calor que o derivado da borracha. Também aceita qualquer tipo de lubrificante. Deteriora-se muito mais lentamente e se conserva mais estável nas embalagens de alumínio laminado.

QUADRADOS DE LÁTEX

São simplesmente um quadrado de látex finíssimo, como um lenço elástico e flexível, muito leve, utilizado para proteger do contágio de doenças sexualmente transmissíveis durante a prática da cunilíngua, e também para ser aplicado quando se estimula o canal anal com a língua (beijo negro).

Seu uso é aconselhável em relações heterossexuais e homossexuais masculi-

Ao colocar o quadrado de látex sobre a vulva ou o ânus e introduzir a língua, a estimulação é ativada como se o contato fosse pele contra pele.

nas ou femininas. Nesse último caso, sua ação é mais ampla, já que atua como protetor para o contato das vulvas e ainda permite um acoplamento perfeito dos corpos.

Esse pequeno lenço de látex é tão fino que transmite as sensações táteis com perfeição. Ao colocá-lo sobre a vulva ou o ânus e introduzir a língua, a estimulação dos terminais nervosos é ativada como se o contato fosse pele contra pele. Para comprovar isso, basta colocar o quadrado sobre a vulva e depois acariciá-la com o dedo.

Também existem modelos cuja composição inclui sabores artificiais com gosto de baunilha, refrigerante, framboesa ou morango, entre outros, para que o prazer não seja só para quem recebe a estimulação oral ou anal, mas também para quem a realiza.

ANÉIS PENIANOS

O pênis é muito parecido com uma esponja. Seu tronco cilíndrico é composto internamente por um tecido cavernoso que, quando recebe afluxo de sangue como consequência da excitação, se expande e provoca a ere-

---

Os *piercings* utilizados tanto no pênis quanto na vulva geralmente são fabricados com aço cirúrgico. Ainda que não tenham arestas cortantes, seu volume pode esticar muito o látex do preservativo até causar fissuras ou furos que, embora imperceptíveis, anularão sua função de barreira.

ção. Em alguns casos, esse crescimento pode chegar a duplicar seu tamanho em repouso.

Para prolongar a ereção por meios mecânicos, ou seja, utilizando algum elemento que ajude a conservá-la, existem os anéis penianos. São argolas de diversos materiais, como madeira, couro ou plástico, que se colocam na base do pênis enquanto o membro ainda está flácido ou semiereto. Ao se atingir a máxima ereção, o anel comprime o tronco e retém o sangue dentro dele, conservando sua rigidez por mais tempo. Em alguns casos também retarda a ejaculação.

Embora tenham nascido como uma ajuda médica para certas disfunções eréteis, os anéis agora evoluíram e se transformaram em um brinquedo sexual muito utilizado, já que permite prolongar o prazer do casal. Ajuda a conservar uma melhor qualidade da ereção e, em consequência, a prolongar o coito. Mas é conveniente saber que os médicos desaconselham seu uso por um período superior a 30 minutos.

Os diversos modelos desses anéis possuem efeitos diferentes. Alguns potencializadores da ereção são fabricados com couro e têm fecho tipo clipe

A maioria das camisinhas vem lubrificada de fábrica, e algumas com quantidade extra. Muitos modelos trazem lubrificantes com benzocaína que, além de cumprir sua função deslizante, produzem uma sensação de "frio" que ajuda a controlar a excitação e a retardar a ejaculação para prolongar o prazer. Outros têm espermicidas para aumentar a segurança.

COMPLEMENTOS DO PRAZER

> **Alguns potencializadores da ereção são fabricados com couro e têm fecho tipo clipe ou fivela, que permitem regular o ajuste.**

ou fivela, que permitem regular o ajuste. São como braceletes muito fáceis de tirar e pôr, que se ajustam a pênis de diversas espessuras. Existem modelos similares de borracha que cumprem a mesma função.

Também é possível encontrar anéis duplos de borracha: um é colocado na base do tronco do membro e o outro, atrás dos testículos. Essa dupla constrição garante que o pênis se mantenha ereto, mas não é aconselhável usá-lo por mais de meia hora. Prolongar seu uso pode provocar transtornos nos vasos capilares do falo, como o priapismo (ereção prolongada involuntária durante horas sem que exista desejo sexual).

Quando o pênis é mais comprido que a profundidade da vagina, a penetração é incômoda e quase sempre dolorosa; para resolver esse problema, existem anéis de dois ou mais centímetros de largura para colocar na base do pênis, encurtando-o.

Os materiais moles, suaves e maleáveis utilizados para a fabricação de outros brinquedos eróticos, como o silicone, permitem um design mais imaginativo para os anéis, com o acréscimo de variações que favoreçam a excitação. Esses modelos são colocados antes da ereção. Alguns são texturizados com espinhos ou relevos que se prolongam por cima e por baixo do pênis. A intenção é estimular o clitóris e a zona do períneo da companheira e também a bolsa escrotal ao roçá-los durante os movimentos do coito. Com essa concepção, existem anéis de todas as cores e texturas; alguns deles, duplos, podem ser colocados ao mesmo tempo no pênis, formando em seu tronco uma camada texturizada de silicone que penetrará junto com o falo, estimulando as paredes vaginais.

ANÉIS VIBRATÓRIOS

Os anéis vibratórios, versão sofisticada dos anéis penianos, foram os primeiros produtos sexuais lúdicos que conseguiram quebrar a barreira do pudor social – que restringe a comercialização dos brinquedos sexuais aos sex shops ou à discreta venda pela internet –, pois são livremente expostos nas gôndolas das farmácias. Os anéis de silicone ou gelatina, moles, suaves e texturizados, cruzaram o umbral. Esse gesto aparentemente simples tem um significado fundamental. Até este mo-

---

O preservativo feminino não é um brinquedo sexual, mas ajuda a melhorar os aspectos lúdicos. Dá mais liberdade porque os amantes não precisam estar atentos ao momento de colocá-lo e não implica nenhuma interrupção que altere a excitação. São feitos de poliuretano, para não irritar a flora vaginal, e têm dois anéis: um externo, maior, que cobre a parte externa da vagina, e outro interno, de diâmetro menor, que é introduzido nela. Entre suas vantagens mais notáveis estão sua maior resistência à temperatura e umidade que os preservativos masculinos e a possibilidade de serem colocados

na vagina até oito horas antes da relação sexual. Também não é necessário retirá-lo imediatamente após a ejaculação, mas, ao fazê-lo, é preciso segurá-lo pelo aro externo e virá-lo para garantir que o sêmen fique dentro dele.

Alguns modelos dispõem de um discreto vibrador incorporado e muito fácil de ligar e desligar. Funcionam com uma bateria que dura 20 minutos.

mento, o único objeto sexual que havia quebrado a barreira da inibição social era o preservativo, e não exatamente por motivos lúdicos, mas como método anticoncepcional e profilático. Porém, a nova geração de anéis derrubou diversos preconceitos. Existe uma grande diversidade de modelos, qualidades e usos. Esse brinquedo sexual adota formas e texturas e não são projetados apenas para colocar em volta da base do pênis; servem também para provocar outras sensações. Por meio de formas irregulares, espinhos, serrilhados ou bolinhas, consegue se transformar em um intenso estímulo. Essas texturas, somadas à vibração, são uma combinação irresistível no coito, já que, durante a penetração, as partes em relevo e texturizadas estimulam o clitóris ou o períneo dela, além de permitirem um intenso jogo de cumplicidade entre os amantes.

Alguns modelos dispõem de um discreto vibrador incorporado, muito fácil de ligar e desligar. Funcionam com uma bateria que dura 20 minutos e não é recarregável. Suas ondas suaves e contínuas se espalham tanto para o tronco do membro quanto para as zonas mais sensíveis dos genitais femininos. A combinação dessas vibrações com a variação dos movimentos do coito proporciona um prazer adicional surpreendente.

Tudo era excitação. Percebia-se no ambiente. Nunca haviam experimentado brinquedos eróticos. Ela o viu na gôndola da farmácia quando ia trabalhar e sentiu um arrepio de excitação, como se tivesse visto algo proibido que a enchia de uma curiosidade secreta. Por que não?, perguntou. Ficou o dia todo pensando nisso. Do escritório, mandou duas mensagens eróticas, até que não pôde mais se conter e, no último SMS, prometeu-lhe uma surpresa. Ao sair do trabalho, entrou na farmácia e comprou o anel vibrador que prometia jogos sugestivos. Ele já estava em casa e a esperava na varanda. Estava calor, e ela parecia sentir mais ainda, talvez pelo segredo que levava na bolsa. Os dois estavam excitados. Puseram um filme erótico, mas só para ficar de fundo. Voltaram à varanda e começaram a se beijar suavemente. Ele não tardou a começar a despi-la. Primeiro a blusa, botão por botão; distraiu-se lambendo seu pescoço e os seios por cima do sutiã. Em seguida, abriu o zíper da saia dela e a deixou só com uma tanga minúscula. Ela, enquanto isso, beijava-o, acariciava a ereção por cima da calça, e seu desejo crescia. De repente, não quis mais esperar... Enquanto escutavam os suspiros do filme, ela tirou a calça dele e depois a camisa. Por um instante se afastou, foi até a bolsa e voltou com o anel vibrador escondido na mão, enquanto pedia a seu amante que fechasse os olhos. Ele ficou em pé, ansioso, mas em silêncio. Ela tirou-lhe a cueca e começou a chupar seu pênis com desejo; depois, colocou o anel, e ele logo compreendeu a intenção. Da varanda até a cama foram se despindo e brincando. Quando se deitaram, ela estava úmida de desejo. Não hesitaram. Queriam experimentar. Então, ele ligou o aparelho e sentiu uma vibração suave, mas contínua, que percorria todo o pênis, da base até a glande, e se estendia pelo escroto. Ela o olhava com desejo. Estava preparada. Abriu as pernas e ele a penetrou suave, mas firmemente. Levou o pênis até o final com um movimento de quadris e o contato do anel nos lábios da vulva e do clitóris deteve o coito. Por uns instantes não se mexeram. Ele estava dentro dela, e às pulsações da estreita vagina somavam-se essas vibrações persistentes. Além disso, ela sentia que seu clitóris se dilatava. Era uma nova sensação tão estimulante e prazerosa que os transportava para outra dimensão...

DÚVIDAS MAIS FREQUENTES

É verdade que usar sempre preservativo gera impotência?
De maneira alguma. Isso é um mito sem nenhum fundamento científico. A impotência se deve a fatores psicológicos e fisiológicos. Como alguns homens temem perder a ereção ao colocar o preservativo, criaram justificativas para não o usar. Porém, é necessário, porque continua sendo a barreira mais segura para prevenir o contágio de doenças sexualmente transmissíveis.

Existe um momento adequado para colocar o preservativo?
Existem duas possibilidades: quando os jogos preliminares já permitiram atingir a ereção, ou pouco depois, no momento do pré-coito, quando ambos já estão preparados para a penetração. É interessante que a mulher coloque o preservativo no homem para que essa ação faça parte da estimulação e ele não perca a ereção.

Colocar extensões no pênis é prejudicial?
Não só não é prejudicial, como também pode ser um jogo novo na relação – e muito satisfatório. Essas próteses são ocas no tronco, ao passo que a glande é maciça. Devem ser colocadas como um preservativo. São fabricadas com materiais flexíveis e suaves, como silicone, *jelly*, látex ou ciberpele. Há diversos tamanhos e costumam aumentar o comprimento entre 5 cm e 8 cm, com pouca perda de sensibilidade.

COMPLEMENTOS DO PRAZER

As unhas podem machucar a pele das mucosas sensíveis como o ânus e a vagina?

Ao introduzir o dedo com muita força e em um ângulo inclinado, podem ocorrer cortes e feridas internas. Para prevenir esses acidentes existem dedeiras de látex ou silicone para colocar nos dedos, como uma capa, para penetrar suavemente o ânus ou a vagina sem o medo de rasgar a pele. Essas dedeiras são muito suaves e, como os preservativos, fabricadas em cores, com diversas espessuras e relevos na superfície para obter mais estimulação com o atrito.

BOLAS DO PRAZER

A 80 km da cidade chinesa de Shanghai, em Tong Li, província de Jiangsu, existe uma porta aberta para a história do sexo oriental. Ali fica o Museu da Antiga Cultura Sexual Chinesa, que reúne objetos com referências sexuais desde o neolítico daquela civilização até a evolução dos símbolos e representações durante mais de sete mil anos. É o centro daquilo que na cultura ocidental se denomina mistério sexual oriental, atribuído a tudo que é desconhecido e vem da Ásia distante. Porém, essa vasta sabedoria sensual que no Ocidente se conhece a conta-gotas, e às vezes de maneira confusa, conseguiu atravessar a barreira dos preconceitos e se instalou entre nós, com certo exotismo, sob a forma de práticas e objetos. Entre eles estão as Ben Wa, ou bolas chinesas, um simples brinquedo sexual que tem milhares de anos e que, hoje em dia, renovado graças a novos materiais, é reconhecido como sinônimo de prazer feminino.

As primeiras referências às bolas chinesas provêm do antigo Japão feudal. Uma velha lenda atribui sua invenção ao conselheiro de um poderoso imperador que tinha um intenso e irrefreável desejo sexual. Em busca de uma solução eficaz, o assessor criou as bolas, que no início eram feitas de marfim, com a intenção de que as inúmeras concubinas do monarca estivessem sempre preparadas para manter relações e não o fizessem esperar quando ele escolhesse uma. Essa origem japonesa justifica o outro nome desse brinquedo erótico: bolas de gueixa. Contudo, não está claro se as famosas e refinadas damas de companhia nipônicas as usaram, e muito menos se era um hábito frequente.

BOLAS CHINESAS

Discretas, pessoais e profundamente íntimas são alguns dos adjetivos que muitas mulheres dedicam às bolas chinesas. Afirmam que são os objetos que podem ser utilizados com mais liberdade, durante maior tempo e com um horizonte de prazer ilimitado. Na realidade, são conclusões muito poderosas para um brinquedo tão simples: as mais tradicionais são duas esferas – mas às vezes podem ser mais – com cerca de 3 cm ou 4 cm de diâmetro, com pouca distância entre si e unidas por um cordão curto que sai da vagina e termina em forma de laço (às vezes com um anel metálico) para poder extraí-las. Isso é tudo. Não há mistérios. Contudo, as enormes variações de sensações e estímulos eróticos que proporcionam são únicas e intransferíveis.

Previamente lubrificadas, são introduzidas uma a uma como se fossem um absorvente íntimo. Quando tocam as paredes do canal vaginal, esse atrito produz efeitos muito agradáveis como consequência da estimulação do músculo pubococcígeo. As bolas se mexem junto com os movimentos realizados: caminhar, pular, ficar sentada, cruzar as pernas etc.; em cada caso, transmitirá uma combinação de sensações diferentes, mais intensas ou mais leves, conforme a atividade.

Quando as bolas chinesas tocam as paredes do canal vaginal, esse atrito produz efeitos muito agradáveis.

TAMANHOS E MATERIAIS

São dois os fatores principais que modificam o tipo de estimulação produzida pelas bolas chinesas: o tamanho e o material com que foram elaboradas. Um centímetro de diferença no diâmetro das esferas determina que as sensações sejam mais suaves ou mais intensas.

Os materiais são o elemento diferencial mais evidente. Hoje, existe uma enorme variedade: aço, silicone, látex, plástico, *jelly*, entre outros, cada um com suas características e efeitos especiais.

As bolas chinesas mais tradicionais são formadas por duas esferas de látex,

BOLAS DO PRAZER

> **Várias mulheres** têm pouca lubrificação vaginal, mesmo que estejam muito excitadas. Nesses casos, convém aplicar um creme hidratante vaginal nas paredes internas e, em seguida, um lubrificante diretamente nas bolas chinesas, para evitar que deixe de ser algo prazeroso.

> **Na realidade, as fantasias de cada pessoa são essenciais para que as bolas chinesas sejam um *plus*.**

e cada uma encerra em seu interior uma segunda menor e mais pesada que dança solta e que, ao bater nas paredes da esfera externa, produz uma suave e prolongada onda vibratória que é a chave da estimulação.

A parte externa costuma ser suave e de cores sugestivas: rosa, vermelho, turquesa etc. E sua textura sedosa e deslizante gera um singular estímulo ao contato.

Mais particular ainda é o tato das bolas de metal cobertas por uma camada de ciberpele, uma pele artificial que tem a mesma textura e cor da real. Porém, não se trata só das variações dos materiais e das singularidades de cada tipo de esfera, ou de serem mais de duas; sua elaboração brinca com a imaginação da mulher ou do homem que a usar. Na realidade, as fantasias de cada pessoa são essenciais para que as bolas chinesas sejam um *plus*, para que cheguem a esse ponto extra de excitação. As de *jelly*, por exemplo, funcionam como um brinquedo divertido e talvez até infantil: são supermacias, quase esponjosas, e em alguns modelos as esferas são cobertas por dezenas de pequenos espinhos, feitos do mesmo material, que geram uma sensação diferente e variável com cada movimento.

Fechou as cortinas do quarto e baixou a intensidade da luz. Estava sozinha e tinha muitas horas pela frente. Tudo estava preparado para aproveitar. Ela sabia como se agradar. Colocou um CD com música de cordas no limite do imperceptível: precisava ouvir os sons de seu gozo. Tirou a camiseta e depois o sutiã. Os seios firmes tremeram com suas próprias carícias. Molhou os mamilos com saliva e sentiu uma descarga transformada em arrepio que percorreu todo o corpo e acabou no clitóris. Tirou a saia e acariciou suas pernas. Fechou os olhos para que as fantasias brotassem como lembranças reais. Poderia ser aquele camareiro do hotel das férias que a espiava quando se trocava para ir à piscina. Ou também, por que não, o vendedor da loja de lingerie que observava e sorria quando ia a caminho do provador. Estava cada vez mais excitada. E ela ajudava passando a mão na vulva por cima do tecido fino da calcinha. Sentia-se úmida e pensou que já era o momento. Esticou a mão até o criado-mudo, pegou o lubrificante e com um dedo introduziu um pouco na vagina, aproveitando para acariciar seus lábios inflamados. A seguir, pegou um pouco mais e untou as bolas chinesas. Abriu as pernas e brincou como para se fazer desejar a si mesma: moveu-as como um pêndulo, roçando sua vulva e o clitóris. Sua respiração se agitava. Então, pegou a primeira bola que pendia do cordão e outra vez a esfregou do ânus até o clitóris duas vezes, até que, com o dedo indicador, a introduziu na vagina. Seus músculos se contraíram e a receberam lá dentro. Balançou um pouco os quadris para senti-las se mexendo e atritando lá dentro. Enquanto sentia o prazer acariciando alternadamente seus mamilos

BRINQUEDOS ERÓTICOS

e percorrendo seu corpo até o clitóris, decidiu introduzir a outra bola. Pegou-a com seus dedos escorregadios por causa do lubrificante e a introduziu em sua vagina, mais dilatada pela excitação. Quando ficou só um pequeno pedaço de cordão do lado de fora, balançou os quadris no ar e as movimentou rodando a pelve como se estivesse em pleno coito. As bolas pareciam ter ritmo próprio, vibravam dentro dela, enquanto ela usufruía intensamente e demonstrava com fortes gemidos que abafavam a música.

CONTROLE REMOTO

Trata-se de bolas chinesas similares às tradicionais em design e tamanho, salvo que, em lugar das esferas internas, têm um ou dois minimotores silenciosos. Conectados com um cabo a um controle, regulam a intensidade das pulsações. É possível graduar diversos programas que variam a frequência, a força e a velocidade do movimento.

Conforme o modelo, pode ter duas ou três bolas e a extensão do cordão também pode variar: um pouco mais comprido, de modo que as bolas fiquem mais separadas entre si para somar vo-

> **O hábito de** andar com as bolas chinesas introduzidas pode ocasionar problemas inesperados. Os brinquedos que têm como base o aço cirúrgico ou outro metal fazem disparar o alarme de detectores, principalmente nos aparelhos mais sensíveis, como os dos aeroportos. Desse modo, não é aconselhável usá-las quando for entrar no avião.

luptuosidade ao autoerotismo quando se aproxima uma esfera vibratória do anel do ânus e introduz-se a outra na vagina, enquanto vibram simultaneamente. Funciona a pilha e, em alguns casos, tem comando *one touch*, para acionar todas as possibilidades no mesmo botão.

PÉROLAS TAILANDESAS

Esse tipo de esfera, menor que as chinesas, costuma ser de uso anal. São unidas por um cordão com distâncias diferentes entre elas, ou inseridas em uma vara semirrígida, que costuma ser de plástico mole ou *jelly*. Há cordões ou varas com cinco, dez ou até doze pérolas, alternando os tamanhos ou dispondo-as da menor para a maior. O comprimento e a distância entre as pérolas também variam: podem ter até 45 cm, mas as mais comuns medem entre 10 e 25 cm. Em geral, as que ultrapassam dez pérolas têm um anel na ponta para retirá-las mais facilmente e evitar situações incômodas ou de tensão se a extração se complicar.

Os modelos com cordão permitem introduzir as pérolas uma a uma. Dessa forma, o canal anal recebe estimulações variadas; não só a sensação da introdução, mas também o deslizamento delas no interior.

Alguns modelos de última geração de varas de *jelly* trazem no início as pérolas menores, de aproximadamente 8 mm ou 9 mm de diâmetro, e no final as maiores, que podem atingir cerca de 2,5 cm, de tal modo que se pode decidir até que tamanho introduzir a cada vez. Depois de várias sessões eróticas, com um bom relaxamento e bastante lubrificante, é possível introduzir todas.

Os materiais, em alguns casos, condicionam o uso do brinquedo. Um grupo de cinco pérolas tailandesas feitas de metacrilato rígido e cobertas por uma camada de gelatina é unido por uma vara do mesmo material. A semirrigidez da vara permite orientar a direção da penetração, com leves curvaturas, tanto no ânus quanto na vagina, com a intenção de produzir estímulos diferentes e buscar o ponto G.

Entre as pérolas tailandesas também existe a variação com vibrador. Um modelo muito particular oferece a combinação de uma espécie de "minhoca" de pérolas intercaladas de tamanhos diferentes, muito perto umas das outras e unidas ao longo de 15 cm. Na ponta que

Os modelos com cordão permitem introduzir as pérolas tailandesas uma a uma.

Os ovos vibratórios em tamanho reduzido são levemente maiores que as bolas chinesas. Podem atingir 5 cm e são usados preferencialmente para introdução vaginal, com uma boa lubrificação prévia. São ligados ao comando de vibração por um cordão que também permite retirá-los. Trata-se de um sofisticado complemento da masturbação e dos jogos preliminares.

BOLAS DO PRAZER

penetra o ânus há um pequeno, porém poderoso, vibrador que potencializa o prazer transmitido pelas pérolas.

Não era a primeira vez. Mas cada sessão de jogo sexual tinha um toque diferente. Ela sentia uma grande atração pelas nádegas de seu amante. Sempre as havia achado extremamente provocantes. Seus glúteos duros e musculosos debaixo da calça captavam sua atenção. Queria tocá-los e abri-los para alcançar seus segredos íntimos. Logo rolaram nus entre beijos e carícias. Os seios dela, os braços fortes dele; o pescoço dela, o abdome dele; o interior das coxas dela, as costas dele. A todos os cantos chegavam os lábios e as mãos de ambos nesses jogos que alimentam a libido. Mas ela começou a tomar a iniciativa, e ele não opôs resistência. Sabia o que ia acontecer. Ela o colocou de costas com suaves movimentos. Depois, foi beijando cada centímetro de sua pele desde a cintura, lambendo suas nádegas sem pressa. A excitação crescia. Ela continuou beijando-o e lhe pediu que ficasse de joelhos e apoiasse a cabeça para ficar mais relaxado. Então, pegou as suaves pérolas tailandesas de silicone e um lubrificante. Depois, retomou as carícias: passou um dos dedos pelo canal entre os glúteos e teve um arrepio de excitação. A seguir, ela deixou que sua língua ocupasse o lugar do

dedo, enquanto, com a outra mão, iniciava um breve movimento masturbatório no pênis. Finalmente, o momento havia chegado: abriu as nádegas com as mãos e lambeu o ânus de seu amante. Ele gemia de prazer. Ela colocou a língua no orifício anal e o encheu de saliva. Ele começou a se masturbar muito lentamente. Ela introduziu no ânus dele a primeira pérola lubrificada das cinco que formavam a réstia. Ele ameaçou apertar o esfíncter, mas se conteve. Ela, enquanto o acariciava, pouco a pouco foi introduzindo o resto das pérolas até deixar visível apenas o fio que as unia. Ele mexia os quadris enquanto aumentava o ritmo da masturbação. Ela brincava com as pérolas em seu ânus. Quando ele avisou que não conseguia mais segurar, ela começou a puxar a cordinha bem devagar. Sabia que a liberação de cada pérola era mais um passo para o orgasmo de seu amante. Quando já havia tirado três, ele retesou seu corpo ao limite do desejo...

BOLAS DO PRAZER

SOLITÁRIAS E ACOMPANHADAS

Algumas mulheres costumam introduzir as bolas chinesas na vagina antes de sair de casa e deixá-las lá dentro o dia todo para sentir as sensações variáveis conforme as posições e movimentos que fazem em suas tarefas diárias. Porém, não é uma prática aconselhável, pois a vagina em repouso se aperta e tende a se fechar de forma natural. Permanecer excitada e dilatada durante muito tempo pode ocasionar um desequilíbrio na flora vaginal que acaba favorecendo o surgimento de micoses.

Outras mulheres preferem, porém, colocá-las umas duas horas antes das relações sexuais, ou nos jogos preliminares, para obter a melhor preparação e aproveitar a situação enquanto o coito não acontece.

As bolas chinesas são empregadas sobretudo durante os jogos a sós, mas cada vez mais são utilizadas a dois para incorporar uma fantasia adicional à relação. O amante pode proporcionar prazer a ela acariciando primeiro a vulva e depois introduzindo com delicadeza as bolas na vagina, movendo-as com um dedo, enquanto estimula ao mesmo tempo os lábios da vulva e o clitóris. Isso também acontece com as pérolas tailandesas: a ajuda do amante para introduzi-las no ânus incorporará novos matizes à relação erótica e maior liberdade de movimentos, o que ampliará as possibilidades do prazer.

O jogo de introduzir as bolas chinesas vagarosamente, movê-las na vagina e depois tirá-las de forma muito lenta, enquanto se estimula o clitóris com a língua, é uma das várias possibilidades sensuais desse brinquedo. Uma alternativa é um 69 lúdico, no qual os amantes podem incorporar as bolas chinesas ou as pérolas tailandesas ao sexo oral movendo-as ou tirando-as ao mesmo tempo que a língua acaricia os genitais, até que a excitação exploda.

Os saquinhos para guardar as bolas chinesas depois do uso são de algodão forrado, com fecho de cordas ajustáveis e bem fechadas para protegê-las do pó. Dessa maneira, também podem ser levadas no bolso ou guardadas no criado-mudo, longe dos olhares indiscretos. De qualquer modo, antes de utilizá-las sempre é conveniente passar um pano de algodão seco.

BOLAS DO PRAZER

DÚVIDAS MAIS FREQUENTES

Esses brinquedos reutilizáveis devem ser higienizados de alguma maneira especial?
As bolas sempre devem ser higienizadas depois do uso. Se forem de *jelly* ou silicone, entre outros materiais moles, é conveniente fazer isso o mais rápido possível para evitar que a porosidade do material absorva fluidos corporais ou lubrificantes, que podem se transformar em substâncias corrosivas. A lavagem deve ser feita com um sabonete neutro, já que o uso de um abrasivo pode deixar vestígios na superfície das bolas que depois irritarão a mucosa da vagina.

É indispensável utilizar lubrificante para introduzir as bolas, ou a lubrificação natural é suficiente?
O lubrificante é indispensável porque garante um deslizamento suave que tornará o jogo prazeroso. Tanto as bolas chinesas quanto as pérolas tailandesas, para introdução vaginal ou anal, precisam estar bem lubrificadas previamente a fim de evitar a irritação da pele e das mucosas. Não convém utilizá-las quando há ulcerações nas paredes vaginais ou anais.

É verdade que o uso das bolas chinesas favorece o funcionamento da vagina?
Na realidade, as esferas que são introduzidas na vagina, de qualquer tipo que sejam, favorecem a contração e o relaxamento dos músculos pubococcígeos, conhecidos como PC, que se estendem desde o osso púbico até o final das costas. Para descobrir sua localização, basta tentar deter o fluxo urinário ao urinar. Como qualquer outro músculo, se for exercitado com frequência (as bolas chinesas são um meio) ganha volume, força e elasti-

cidade, qualidades que também se transferem para a vagina, o que, ademais, contribui para aumentar o prazer erótico durante a penetração.

Com pérolas tailandesas pode-se perder o medo da penetração anal?
É uma forma de começar a exercitar o esfíncter e se habituar a uma penetração suave. A introdução de pérolas no ânus tem uma vantagem: é possível introduzir primeiro as pérolas menores e depois ir aumentando gradualmente o tamanho para saber como se responde ao estímulo e evitar que a tensão cause dor. Por isso, é conveniente fazê-lo passo a passo, com calma, para que a contração muscular por conta do medo vá desaparecendo. Quando o esfíncter estiver relaxado e o medo der lugar à confiança, com certeza se poderá desfrutar do sexo anal em todas suas formas. E as pérolas são um bom começo.

COSMÉTICOS E ESTIMULANTES

A tentação sensual da cosmética nasceu com a humanidade. As grandes civilizações da história registram uma química primitiva ou sofisticada, conforme os casos, voltada a embelezar o corpo e a comover o espírito com aromas, sabores, cores ou texturas que buscavam o prazer por meio dos sentidos e da pele. Lubrificantes, cremes, pós, perfumes ou óleos balsâmicos para banhos reparadores chegaram até nós com a marca de mitos milenares – como as fórmulas dos unguentos, perfumes e banhos das princesas do Antigo Egito, ou o cuidado corporal dos nobres gregos, que relacionavam a beleza física com as sensações. O sensual estava ligado ao espiritual e também à paixão e ao sexo. Esse era o objetivo dos exercícios físicos, das massagens estimulantes e dos óleos de rosa, jasmim e tomilho que usavam nos banhos reparadores.

Os romanos imperiais "democratizaram" os cuidados do corpo por meio de banhos termais coletivos, como os construídos pelos imperadores Caracala e Diocleciano em Roma, que tinham capacidade para mais de mil e três mil banhistas, respectivamente. Mas talvez os mais fascinantes aromas, envolvidos nos segredos de culturas exóticas, provenham da Índia, da China e do Japão.

O livro *Susruta Asmita*, um compêndio de medicina natural indiano com quase 2.500 anos, detalha dezenas de receitas de óleos de extratos vegetais dedicados a diversos usos estéticos, bem como cremes de polpa de frutas, óleos de gordura animal ou essências aromáticas de almíscar, camélia ou jasmim que as mulheres chinesas difundiam de geração em geração. Ou as japonesas, com seus pós de cártamo e seus pigmentos para maquiar e perfumar. A dedicação a essas práticas cotidianas estava vinculada à serena e religiosa busca do prazer como um objetivo imprescindível da vida.

LUBRIFICANTES PARA ELE E PARA ELA

Herdeira dos antigos costumes estéticos, hoje a química permitiu multiplicar os efeitos agradáveis e saudáveis da natureza. Para facilitar as relações sexuais, os lubrificantes transformaram-se em um elemento que praticamente não costuma faltar na vida sexual de homens e mulheres.

O uso de substâncias gordurosas ou oleosas, como a vaselina, era, até alguns anos atrás, o recurso mais simples para facilitar a penetração vaginal ou anal. Eram utilizadas quando a secura vaginal tornava as relações dolorosas ou quando um membro grande para uma vagina estreita ou curta também podia ocasionar problemas na penetração. As possibilidades, atualmente, multiplicaram-se.

Os lubrificantes oleosos continuam sendo comercializados, embora sejam recomendados para circunstâncias específicas, como o uso de dildos de grandes dimensões ou penetrações anais sem preservativo. Essas substâncias são agressivas aos materiais dos preservativos, abrem microporos que deixam passar vírus e bactérias ou acabam favorecendo sua ruptura. Os lubrificantes à base de água ou de silicone têm um espectro de uso muito mais amplo e são compatíveis tanto com preservativos quanto com os brinquedos eróticos. Geralmente, essas instruções vêm esclarecidas na embalagem dos produtos.

A ampla gama de lubrificantes permite agora escolher especificamente um para cada necessidade ou preferência, segundo os componentes que prevalecem. Por exemplo, alguns têm efeito dilatador tanto na vagina como no ânus; outros contêm *aloe vera* ou substâncias similares, com efeito hidratante sobre as mucosas e a pele. Também existem os inodoros e incolores e com pouca capa-

Os lubrificantes à base de água ou de silicone são compatíveis tanto com preservativos quanto com os brinquedos eróticos.

COSMÉTICOS E ESTIMULANTES

Além de terem uma função específica, os lubrificantes são substâncias com as quais se podem experimentar sensações especiais durante as relações sexuais. cidade de absorção pela pele para que seu efeito deslizante perdure, ou também muito mais lúdicos – com aromas ou sabores: de morango, maçã, cítricos etc. – para que se possa praticar sexo oral sem problemas, já que não são tóxicos e podem ser ingeridos. Há alguns em *spray*, que podem ser aplicados na pele ou no cabelo e dão à superfície um brilho e um aroma doce muito sensual e sugestivo.

Além de terem uma função específica, os lubrificantes são substâncias com as quais se podem experimentar sensações especiais durante as relações sexuais. Alguns criam na pele um efeito de calor, que se intensifica com o sopro e que permite aumentar a excitação. Outros, ao contrário, provocam sensação de frescor, devido à base de mentol que utilizam em sua composição. E, além de intensificar o prazer, em alguns homens eles têm um efeito levemente relaxante que prolonga a excitação e a duração da ereção.

O ambiente em penumbra cheirava intensamente a baunilha. Ele estava sentado no sofá vendo um filme na tevê com cenas eróticas. Ela saía do banheiro com um pote que deixou em cima do tapete. Ele sorriu e continuou assistindo ao filme, no qual a protagonista movia a cabeça ritmicamente entre as pernas de seu amante. Ela suspirou de maneira intensa, colocou-se atrás do sofá e desamarrou o roupão para deixar à mostra seus seios e a tanga minúscula que cobria seu púbis depilado. Em seguida, começou a acariciar o cabelo de seu companheiro; enrolava-o entre os dedos e prolongava as carícias nas orelhas e pescoço. Ele resistia à tentação, fazia-se de indiferente e olhava fixamente para a tela. Ela deu a volta no sofá, ajoelhou-se na frente dele, pegou seu pênis com as mãos e o beijou e lambeu de todas as formas imagináveis, provocando-lhe profundos gemidos de prazer. Pouco depois, quando retirou a boca, o membro estava duro e ereto. Ela pegou o pote que havia deixado no tapete e tirou um pouco de gel lubrificante com aroma de baunilha; primeiro, colocou um pouco na glande e espalhou com movimentos circulares; depois, com as duas mãos, untou todo o pênis. Ele havia deixado de ver o filme, suas pulsações subiram até a agitação, seus olhos estavam semicerrados, desejando que sua amante não parasse. Ela iniciou os movimentos masturbatórios lentos, para cima e para baixo. Suas mãos deslizavam com suavidade pela úmida pele do pênis, que exalava uma deliciosa fragrância. E a tentação

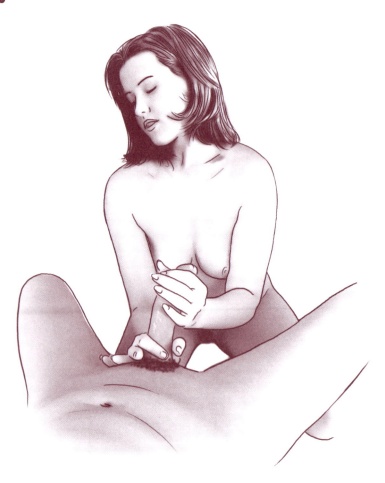

dos sabores a fez aproximar sua boca a poucos centímetros do membro, sugando o odor e soltando seu alento como um sopro de desejo. Não pôde conter a atração e, enquanto o masturbava, passou a ponta da língua pela glande para degustar aquele manjar com sabor de baunilha.

BRINQUEDOS ERÓTICOS

ESTIMULANTES PARA O PÊNIS E O CLITÓRIS

Loções, géis, cremes ou bálsamos são as diferentes apresentações de substâncias estimulantes que sensibilizam as zonas erógenas para provocar ou aumentar as sensações prazerosas. São uma ajuda valiosa para os momentos em que o cansaço mental e a tensão física diminuem a libido.

As loções masturbatórias para homens favorecem os movimentos da pele do pênis, deixam-nos mais suaves por conta da película que se cria e evitam a irritação epidérmica. São especialmente recomendadas para longas sessões masturbatórias com massagens e atritos rítmicos que, por serem proporcionados às vezes por outra pessoa, podem ter uma intensidade de fricção inadequada, apertando ou roçando a pele de maneira excessiva em consequência da excitação, e provocando dor. Esse tipo de problema se atenua ou desaparece com os cremes e loções masturbatórios. Além disso, tornam mais estimulantes as práticas solitárias. Antes de comprar, convém perguntar ou ler as instruções, porque podem ser incompatíveis com os preservativos.

As loções masturbatórias para homens favorecem os movimentos da pele do pênis, deixam-nos mais suaves e evitam a irritação epidérmica.

COSMÉTICOS E ESTIMULANTES

Alguns bálsamos são promovidos como estimulantes para uso a dois. Espalhados pelas zonas erógenas dele e dela com leves massagens até serem absorvidos pela pele, provocam sensações formigantes de suave excitação. A estimulação sensual se completa por meio do olfato, pois há bálsamos com aroma de tangerina e menta, entre outras fragrâncias.

Em geral, é possível encontrar uma maior diversidade de géis estimulantes femininos. Eles variam na composição e são mais ricos em substâncias excitantes com o propósito de elevar a excitação para se alcançar um orgasmo mais pleno.

Embora o valor afrodisíaco das plantas tenha sido questionado, o certo é que muitas ervas possuem diferentes efeitos incitantes. Algumas delas são familiares por serem utilizadas como produtos energizantes ou como base na composição de medicamentos. O extrato de chá verde, ginkgo biloba ou ginseng, entre outros, misturado com extrato de azeitonas, cujo óleo é suavizante, é combinado em fórmulas que buscam aumentar a excitação sem romper o equilíbrio ácido da vagina nem irritar a pele.

É importante considerar que os lubrificantes, mesmo nas versões mais lúdicas, são uma ajuda para a penetração com o pênis ou com um brinquedo erótico. Mas são mais eficazes quando os músculos da vagina e do ânus estão relaxados e quando se eliminam medos que provocam contrações musculares dolorosas durante a penetração, principalmente anal.

Muitos desses géis aplicados regularmente no clitóris e na zona vaginal não apenas aumentam a sensibilidade do clitóris e intensificam o desejo, como também costumam melhorar a lubrificação e prolongam a sensação orgástica.

Seu uso é simples: basta aplicar pequenas quantidades e massagear com suavidade no clitóris antes da atividade sexual. O efeito imediato é um formigamento acompanhado de uma sensação de calor em volta da área, que dura, em geral, entre dez minutos e meia hora, mas existem casos em que se prolongou por quase uma hora.

PÓS E ÓLEOS ERÓTICOS

Uma sessão de carícias delicadas, sensuais, que sobem voluptuosamente até a paixão, recebe um complemento muito eficaz com pós ou óleos que suavizam a pele e fazem as mãos ou outras partes do corpo deslizar com doçura e sem tropeços.

Os talcos vêm em caixinhas com um ou vários pincéis (como se fosse um pincel de barbear) para espalhar pelo corpo. É um jogo no qual também se atinge a sensualidade ao preparar o ambiente adequado: silencioso, descontraído, apenas com uma música de fundo. Os pós são a cereja do bolo sexual: devem ser espalhados suavemente por todo o corpo, brincando com as sensações que a pluma desperta nas zonas erógenas. E também com o aroma e o sabor de mel, framboesa, chocolate, tangerina e outros que os pós exalam. Sem quebrar o clima, quando as partes mais desejadas do corpo estão cobertas, o jogo das carícias manuais pode dar lugar a outras mais quentes e úmidas usando a língua. O divertimento relaxante do início pode ir crescendo em excitação.

O mesmo jogo, mas com óleos, adquire uma faceta diferente. A densidade desses produtos, acompanhada de aromas e sabores exóticos ou frutais, espalha-se por todo o corpo. Sua ação umectante cria uma textura especial que provoca sensações mais deslizantes a cada carícia. Esses óleos especiais têm certas propriedades relaxantes em alguns casos e energizantes e estimulantes em outros. São geralmente naturais e misturam em sua composição produtos como essência de *aloe vera*, para suavizá-los e torná-los mais hidratantes, e extratos frutais ou florais, para aumentar a sensualidade. Algumas receitas

---

A pintura corporal é um jogo extremamente divertido e criativo. As tintas podem ser passadas com os dedos ou com um pincel no corpo do amante. É possível encontrá-las em diferentes cores e sabores: *blueberry*, limão, maçã, morango e o clássico chocolate. O jogo sensual não apenas consiste em desenhar ou escrever na pele, mas em "apagar" com a língua depois.

exóticas, que pretendem se aproximar das antigas recomendações do *Kama Sutra*, têm sabores e cheiros de amêndoa, ambrosia, tangerina ou baunilha.

MASSAGENS COM PAIXÃO

Das carícias para espalhar os óleos pelo corpo às massagens há apenas um passo. Apertar os músculos do amante de maneira rítmica e sensual é uma forma de transmitir erotismo. Os dedos pressionam e soltam os braços, as costas, o pescoço, as pernas, os glúteos, em um jogo que relaxa e excita de maneira alternada. Mas se o contato direto das mãos, pele com pele, oferece um prazer particular, existe uma série de massageadores projetados especialmente para tocar e apertar ao mesmo tempo vários pontos que provocam as reações mais prazerosas.

O chamado orgasmatron é uma espécie de "mão" com vários filamentos metálicos flexíveis que se unem em um cabo central. Cada filamento é arrematado com uma pequena bola que faz delícias com seus toques. Passa-se pela cabeça, cotovelos, joelhos, glúteos e também pelas costas, com lentíssimos

---

A depilação também pode ser um jogo. Atualmente, existem cremes, géis e desde clássicas maquininhas de barbear até máquinas elétricas com cabeças específicas para a depilação íntima do homem e da mulher. A ideia é compartilhar a depilação: um depila o outro, e depois acariciam as zonas mais íntimas com óleos balsâmicos e hipoalergênicos, que misturam *aloe vera*, aveia ou vitamina E, para evitar irritações e coceira na zona recém-depilada.

movimentos de cima para baixo. Quando os filamentos entram em contato com os terminais nervosos, provocam arrepios e breves descargas nervosas relaxantes, que geram um clima de sensualidade serena, acalmam a ansiedade e preparam para o sexo.

Entre outros massageadores encontram-se rolinhos de madeira ou plástico com estrias ou dentes ideais para passar pelas costas, pernas, glúteos ou pescoço. Esticam os músculos ao serem passados e os tonificam, para recuperar energia depois do cansaço. Para o banho existem uns modelos de plástico no formato da letra H, com o eixo horizontal mais longo e uma bolinha em cada ponta das duas barras verticais. Quando se movem pelo corpo, combinados com a ação relaxante de um banho quente, têm efeitos sedativos e agradáveis. É muito adequado para brincar a dois no chuveiro, como preparação para o sexo.

Mas o conceito de massageador adquire a dimensão de brinquedo com uns modelos de plástico, com vibração, que representam a figura de diversos animais: polvos, tartarugas ou cachorros, cujas patas acabam em bolas plásticas que vibram graças a seu mecanismo movido a pilha. Deslocam-se suavemente pela pele e, além de seus efeitos benéficos no corpo, permitem o relaxamento que todo ambiente lúdico oferece para combater a tensão, uma má companheira de viagem para o sexo.

Sentia-se desanimada. Havia chegado do trabalho com o típico cansaço do estresse. Mas não se deu por vencida. Era uma linda noite de junho, e não queria perdê-la. Ficou à vontade: um short de cetim sobre a tanga e uma blusa leve e transparente sobre os seios livres do sutiã. Pouco depois, tocaram a campainha do apartamento: era seu amante das sextas-feiras com uma garrafa de espumante. Beijaram-se, guardaram a bebida na geladeira para mais tarde e foram para a sala. Ele a sentiu meio sem energia. E disse a ela que não fizesse nada. Que se deixasse levar. Uma massagem reparadora era a melhor ideia para que o desejo se revitalizasse. Ela colocou um cobertor no chão e se deitou de bruços; preferia um lugar duro para que seus músculos descansassem. Relaxou quando sentiu as mãos dele começarem a apertar levemente sua nuca; depois os dedos passaram aos ombros e às costas, desenhando círculos; sentia as polpas dos dedos entrando e saindo de seus músculos, com uma lenta cadência que ela imaginava em outra situa-

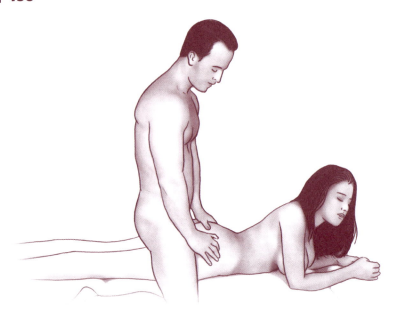

ção. Seu corpo ia relaxando, perdia tensão sob aquelas mãos sábias e pacientes que agora desciam para seus glúteos. Ele sabia que era um dos pontos fracos de sua amante: afundou os dedos naquelas carnes firmes e as modelou como se fossem argila. Seus polegares mal tocavam a pele do canal dos glúteos, como uma provocação. Ela sentia o relaxamento ir se tornando uma distante excitação que nascia e crescia. Ele a fez se virar. Ela ficou esticada de costas sobre o cobertor e com a cabeça apoiada nas coxas dele, ajoelhado atrás. Assim, a massagem mudou para o erotismo abso-

BRINQUEDOS ERÓTICOS

luto. Os dedos dele desceram pela lateral de seu pescoço e tocaram seus braços, ida e volta; a seguir, concentraram-se nos seios. Suas mãos desceram devagar para contorná-los e lhes proporcionar uma lenta massagem só com a ponta dos dedos, sem tocar os mamilos. Ela semicerrava os olhos; a excitação já havia se apoderado de todo seu corpo. A energia havia voltado com mais força. E em sua nuca, quando ele abriu levemente as pernas, sentiu que os efeitos da massagem também haviam provocado a ereção de seu companheiro. Já se sentia recuperada para continuar brincando...

SAIS RELAXANTES

O banho de imersão ou uma ducha quente, com o vapor que invade o ambiente, é um cenário ideal para compartilhar a dois. Mais ainda se for acompanhado de sais que se diluem na água para encher de aromas o denso ar úmido.

Existe uma enorme variedade de sais e cada um provoca um efeito específico. Alguns imitam os lendários banhos de leite de Cleópatra: contêm sal marinho, essência de baunilha, com um penetrante cheiro sugestivo, e leite,

Existe uma enorme variedade de sais e cada um provoca um efeito específico. um hidratante natural que transforma a água do banho em uma pátina deslizante aromática sobre a pele. Mas, como tudo é questão de gosto, outras pessoas preferem os aromas florais, com cheiro de pétalas, ou a água de rosas, que não só deixam seu odor clássico como também tingem as águas de uma tênue cor rosada. Isso acontece também com outros sais elaborados artesanalmente com essências de violetas e outras flores, utilizadas com frequência em aromaterapia.

Os sais mais reconhecidos por seu valor terapêutico e reconstituinte são os provenientes do mar Morto. A altíssima concentração salina desse grande lago asiático lhe outorga propriedades de estimulação e tonificação muscular. E o resultado é um toque energético e afrodisíaco.

Se a opção for uma ducha a dois, o jogo pode ser utilizar géis de menta ou aromatizados com frutas tropicais para espalhar pelo corpo do amante por meio de carícias eróticas. O efeito na pele se complementa com seus fortes aromas, que despertam os sentidos e alertam para o jogo sexual.

DÚVIDAS MAIS FREQUENTES

Os óleos que entram em contato com mucosas ou com zonas delicadas da pele podem provocar irritações?
Em geral, esses produtos são hipoalergênicos, ou seja, não há elementos agressivos para a pele em sua composição. Assim, não costumam provocar reações cutâneas. De qualquer maneira, para quem sofre de problemas dermatológicos ou quando existem suspeitas a respeito, sempre é conveniente consultar um médico antes de usá-los.

A massagem pode fazer os homens perder o desejo sexual?
Se a massagem visa relaxar a musculatura, diminuir a tensão depois de um esforço, é provável que o homem fique mole após a sessão. Desse modo, se a massagem não tiver um conteúdo nem uma intenção erótica, com certeza não servirá como estimulante. Ao contrário, seu estado de relaxamento o afastará da excitação sexual e ele precisará de novos estímulos para responder com uma ereção.

Existem perfumes excitantes com feromônios?
Há relativamente pouco tempo ficou comprovado que o corpo humano, como o dos animais, libera feromônios. São substâncias que podem modificar o comportamento de outras pessoas, já que provocam atração sexual. Esses feromônios foram sintetizados em laboratório e são utilizados para a produção de óleos, água de colônia ou perfume para o corpo todo.

O efeito relaxante dos sais de banho pode provocar uma perda momentânea de desejo na mulher?
O efeito da maioria dos sais é relaxante, principalmente se o banho for prolongado, relaxado e sereno, de modo que todo

o ambiente também conduza a reforçar esse estado de ânimo. De qualquer maneira, não se deve esquecer que o principal órgão sexual da mulher é o cérebro, e se, nessa situação de tranquilidade, sua mente a levar a fantasias eróticas, provavelmente depois do banho seu corpo estará excitado e seu desejo sexual terá despertado.

ROUPA ÍNTIMA E FANTASIA

No jogo da sedução, a roupa íntima e os acessórios são muito importantes: pelo que mostram, pelo que escondem, pelo que insinuam, e isso desde a lendária folha de parreira dos míticos Adão e Eva.

As civilizações que marcaram a História – a grega, a cretense, a romana – contavam com roupas íntimas rudimentares: panos cruzados que formavam sutiãs para os seios femininos ou togas e túnicas que se amarravam passando por entre as pernas. A nudez então não era um tabu que condenava a alma, como aconteceria mais tarde, durante o auge do cristianismo ou a expansão muçulmana. As grandes religiões proíbem e condenam a exibição do corpo. Com elas nasce o pecado social de mostrar ou insinuar tanto as partes íntimas – genitais, seios, nádegas – como o caminho para elas – ombros, colo, braços, abdome, pernas e costas.

Embora o erotismo, sadia necessidade do desejo sexual, seja considerado uma perversão, sempre seguiu seu caminho: desde a dança árabe dos sete véus até os justíssimos corseletes que faziam transbordar os colos medievais. No Renascimento, Catarina de Médici tomou a iniciativa de "usurpar" a peça mais íntima dos homens: os calções ou *brides à fesses* (rédeas para nádegas). A seguir surgiram o merinaque, as armações... A sensualidade ficava por conta da fantasia. A roupa íntima não ajudava muito.

A riqueza da lingerie moderna, a grande descoberta de seus valores eróticos, é recente. Sua história começa quando a norte-americana Mary Phelps Jacob, no final de 1914, criou um modelo de sutiã tal qual o que conhecemos hoje. As mulheres ainda usavam calçolas, como os homens. As grandes lojas londrinas, como a Harrods, foram as primeiras a exibir lingerie para mulheres, mas com eufemismos, censuras e pudores. Pouco a pouco, as conquistas sociais femininas abriram caminho para uma lingerie menos prática e pacata e mais deliciosamente atrevida e estética. A grande explosão foi nos anos 1960, quando paradoxalmente, em plena revolução sexual, movimentos feministas advogaram pela queima dos sutiãs. Porém, os designers cuidaram de dar à lingerie o lugar que merecia. Se a moda cada vez deixava mais pele exposta, que a roupa íntima fosse atraente. Calcinhas, ligas, meias, sutiãs, biquínis e tangas passaram de cobrir a insinuar, e com encanto. Modelos cavados, justos, curtos, estampados, transparentes: quanto mais eróticos, melhor. Hoje, a lingerie é puro sexo. Na intimidade, porque é a protagonista. E na vida pública também, mesmo que só se deixe entrever uma alça ou uma renda.

....

LINGERIE PARA ELA

Atualmente, a sedução e o jogo sensual estão muito ligados à lingerie erótica. A maioria das mulheres escolhe as combinações íntimas de cores ou modelos que lhes realçam os seios, deixam-nos aparecer, mostram-nos por meio da transparência ou concentram a atenção e seduzem. Como as calcinhas e tangas, que se transformam em uma surpresa erótica no momento adequado, quando a seminudez da roupa íntima indica o caminho do sexo e a hora da excitação, porque não há mais volta.

Cada dia mais mulheres se atrevem a mudar suas tendências de roupa íntima com a intenção de agradar a si mesmas e aos outros. Não é apenas um desafio de sedução; é também uma reafirmação de autoestima na qual intervém um fator essencial: realçar ao máximo os atrativos do próprio corpo.

No entanto, nem tudo são sutiãs e calcinhas. Na mais absoluta intimidade, onde o jogo da sedução é imprescindível para despertar o desejo, existe outra roupa que o passar do tempo não fez perder atrativo: uma cinta-liga, um *body* sugestivo ou um robe transparente que deixa entrever o corpo continuam sendo poderosos atrativos.

Hoje, o uso de lingerie com toques eróticos se confunde cada vez mais com a roupa do dia a dia. Mas a maioria das mulheres reserva conjuntos especiais

> **Algumas preferem as transparências, outras, a discrição com *glamour*, e outras, uma moda retrô com rendas e bordados, com ar mais romântico.**

para encontros que também se presumem "especiais" com antecedência.

É possível escolher entre novos modelos com grande variedade de tecidos ou mistura de materiais; uma modelagem atrevida, fechos com argolas, com broches, com velcro, na frente, atrás... Mas é a moda que dita tendências e acompanha cada mulher. Algumas preferem as transparências, outras, a discrição com *glamour*, e outras, uma moda retrô com rendas e bordados, com ar mais romântico. No lado oposto, direto e agressivo, encontram-se as calcinhas especiais com uma abertura à altura da vulva, para evitar tirá-las durante a penetração ou o sexo oral. É que justamente o valor erótico da lingerie, muitas vezes, não está em mostrá-la antes do sexo, e sim em mantê-la vestida enquanto se pratica. Poucas coisas são mais atraentes que uma língua que passa por baixo de uma calcinha de renda ou uma mão que desliza para masturbar sem tirar a calcinha. Algo similar acontece ao se acariciar os seios com o sutiã e depois puxá-lo para baixo; é algo irresistível para eles e elas. E isso é exatamente o oposto de levantar o sutiã, deixá-lo apoiado sob o colo enquanto os seios ficam embaixo; desse modo quebra-se o encanto do momento, porque ela se sente desconfortável e em uma posição antiestética. Esse é um de tantos detalhes em que a roupa é decisiva para manter o clima de atração mútua.

CONJUNTOS PARA SEDUZIR

Sutiãs com aberturas verticais que permitem ver os mamilos, modelos com taças baixas que sustentam os seios por baixo, realçam-nos e os oferecem como se fossem uma bandeja; minissutiãs, com triângulos que cobrem apenas os mamilos e um pouco as aréolas e deixam descoberta toda a exuberância dos seios. E cada um com sua calcinha combinando: bordada, marcando as curvas das nádegas; fio dental, com um triângulo frontal transparente e uma tira traseira que desaparece no canal dos glúteos, oferecendo uma nudez a 90%. Esses são apenas alguns exemplos de conjuntos de lingerie erótica entre a enorme quantidade que os estilistas apresentam em seus catálogos. Há até alguns muito especiais, como um conjunto de minibiquíni de látex preto que cobre estritamente o mínimo indispensável na vulva e nos mamilos, com tiras que unem as duas peças, ou

Uma tanga especial possui um design que a torna mais erótica do que é naturalmente. É confeccionada com pérolas, dispostas em uma ou duas fileiras na parte da frente, segundo o modelo, e com uma réstia de pérolas que fazem coceguinhas no canal dos glúteos. Não tem apenas uma alta voltagem sensual ao ser vista; as pérolas da frente acariciam o clitóris e os lábios da vulva, atritando-os a cada movimento.

> **Os adornos para** mamilos são muito sugestivos e projetados em uma grande variedade de formas e designs. A maioria tem pinças revestidas de silicone nas pontas para que a pressão não machuque. São decorados com diversos pingentes: plumas, contas, correntes, corações metálicos dourados ou prateados, entre outras formas. Também há aros ajustáveis enfeitados com pequenas bolas, similares às utilizadas no lóbulo da orelha, ou diferentes figuras de metal que se fecham em volta do mamilo, através de um orifício central.

conjuntos de tule transparente que deixam entrever as linhas do corpo.

A textura dos tecidos, as rendas e os detalhes, como florzinhas, pedraria, laços ou transparências combinadas, são os protagonistas da roupa íntima. A variedade de peças, porém, não se restringe aos conjuntos: tangas, robes, *baby-dolls*, camisolinhas, culotes e calcinhas desenhadas para favorecer os quadris e as nádegas levam sempre um toque erótico, uma mensagem subliminar de sedução.

Apesar das mudanças sociais, o estímulo que a roupa íntima provoca nos amantes continua intacto. A mulher se sente mais bonita usando-a; vê-se realçada e embelezada no geral, especialmente em seus seios e nádegas. E isso é suficiente para motivar sua libido, para despertar todos os desejos naturais de atrair e seduzir seu companheiro. Nos homens, os efeitos estimulantes são imediatos. Ver uma mulher com um conjunto de lingerie atraente é irresistível, provoca a fascinação que desata o desejo. A reação está tão automatizada na maioria dos homens que, dependendo das circunstâncias, ver um pedaço de sutiã ou de calcinha por um decote ou acima do cós da calça provoca um alerta

BRINQUEDOS ERÓTICOS

que se delata no olhar. É a linguagem da sedução e do erotismo mais puro e simples: ela se vestiu para agradar, e ele a admira.

ROUPA ÍNTIMA PARA ELE

Até algumas décadas atrás, o corpo feminino aparentemente tinha a exclusividade do erotismo. Seu corpo ressaltado ou semioculto pela lingerie gerava a chama do desejo. Os homens, dentro da cultura machista, tinham o papel de observadores passivos do jogo. A sensualidade que despertavam nas mulheres não provinha da estética, nem dos complementos, nem da roupa íntima, mas preferencialmente do atrativo físico e de sua atitude: certa rudeza, um quê de canalha, um toque perverso ou, ao contrário, um ar de orfandade que chegava ao sexo despertando ternura. Usavam camisetas de algodão de manga curta embaixo da camisa na primavera ou de manga longa e lã durante o inverno, só por motivos práticos e óbvios: combater o frio. As cuecas, estilo samba-canção e depois anatômicas, pretendiam proteger os genitais do atrito com a calça e evitar o incômodo vaivém ao andar.

As lembranças dessa roupa íntima parecem evocações de um passado muito distante. Na realidade, porém, a imagem dos homens com roupa íntima colorida, calções apertados e cuecas mais sensuais é muito moderna; tem só duas décadas. Mas foi tão esmagadora que se tornou rapidamente um apelo erótico quase à altura do feminino, mito elaborado durante séculos. Hoje em dia, essa imagem transmite uma sugestiva tensão

sensual: um homem com uma camiseta estampada justa no corpo como uma segunda pele tem a força do apelo do instinto. Os tecidos elásticos, de látex, malha, transparentes, prateados, marcam e realçam cada músculo de seu peito, de seu abdome e de suas costas, e transformam seu pescoço nu em um inesperado objeto erótico. As cuecas que se ajustam às coxas e marcam os genitais, junto com tangas que oferecem glúteos desejáveis, são a fraqueza de muitas mulheres. Mas, quanto mais atrevida for a peça, mais se eleva a intenção do jogo sexual. As mesmas tangas adquirem um valor voluptuoso bem particular quando têm zíperes, simulam a pele de um leopardo, um tigre ou uma serpente, são luminescentes e brilham na escuridão do quarto, ou vêm aromatizadas com fragrâncias penetrantes e cativantes.

ROUPA ÍNTIMA COM SABOR

A roupa íntima descrita até agora é reconhecida com a visão: é o sentido que transmite os impulsos eróticos. Olhamos, espiamos, descobrimos, na tentativa de imaginar o que há além dessa peça,

Alguns sex shops com venda pela internet oferecem lençóis de toque muito suave e deslizante com uma propriedade singular: são impermeáveis. Podem ser utilizados tanto como roupa de cama como em cima do tapete, mesa ou qualquer lugar onde se pretenda levar adiante diversões eróticas. Permite brincar com o champanhe, com óleos aromáticos ou com chocolate sem preocupações, concentrando-se apenas no sexo. Têm as medidas de uma cama grande de casal: 180 cm por 220 cm.

informação que entra pelos olhos e se transforma em desejo sexual no cérebro. Porém, a visão não é o único sentido que participa da percepção voluptuosa da roupa íntima. O gosto também está presente e multiplica seus efeitos.

Comer tem um significado adicional quando se fala de sexo. Comer a boca do amante significa dar beijos apaixonados. No sexo, é um verbo com uma definição muito precisa. E a expressão se torna absolutamente evidente com lingerie erótica comestível. Calcinhas de papel feitas de açúcar, sutiãs e calcinhas de gelatina, cuecas masculinas tecidas com contas de caramelo de diversas cores e sabores, um tecido usado também para calcinhas, sutiãs e cintas-ligas... Esses são só alguns exemplos da tentação que é ver o amante com peças que convidam a saboreá-las até o final e além. Esses "materiais" saborosos ficam moles com a umidade e o calor gerados pelo corpo. Quanto mais são lambidos, mais flexíveis e moles ficam. E a excitação aumenta a intensidade dos sabores.

Para muitas pessoas, essas peças comestíveis são a essência mais pura do jogo erótico interpretado como algo absolutamente lúdico, divertido e sensualmente muito prazeroso.

Estava tudo preparado. Ela o havia convidado a jantar com a única condição de que levasse um vinho branco sul-africano demi-sec que a fazia saltar faíscas. O restante do cardápio era com ela: um coquetel de aipo e roquefort ao armagnac, com um toque de pimenta-de-caiena; em seguida, ostras ao creme com pimenta-rosa e, por fim, filés de coxa de corça com molho de pimenta. Seu jogo era transformar a mesa em um templo afrodisíaco. Ele e o vinho chegaram pontualmente. Ela os recebeu com um vestido de tule azul transparente e sem sutiã. Ele usava uma camisa branca de linho e calça branca. Mas não demorou a ficar mais à vontade para jantar: no *closet* de sua amante guardava um *yukata* azul, uma espécie de quimono masculino que havia trazido de sua última viagem ao Japão. Antes de se sentar à mesa, só trocaram alguns beijos profundos, e ela, entre suspiros, deixou sua mão acariciar o peito dele. Mas primeiro o jantar. Comeram com serenidade, degustando cada prato; pensavam que cada garfada era um golpe de energia para o sexo. Quando chegaram ao último prato, ele mostrou que esperava uma sobremesa com os mesmos atributos da comida. Ela insinuou que tinha uma surpresa. A luxúria e o desejo transbordavam sua imaginação. Passaram para a sala com as taças de champanhe e as carícias foram crescendo.

Ela tirou o *yukata* dele e o deixou só de cueca. Ele baixou as alças do vestido dela e, enquanto lambia seus seios, foi despindo-a. Só uma pequena e curiosa calcinha que ela estreava cobria levemente seu púbis. Logo a excitação superou todos os limites. O desejo os incitava entre beijos longos e carícias que buscavam todos os recantos da pele. De repente, ela o surpreendeu quando deteve seus impulsos e lhe pediu que se ajoelhasse no tapete da sala. Ele não entendia a situação. Ela se colocou em pé na frente do amante e aproximou o sexo coberto pela calcinha do rosto dele. "Esta é sua sobremesa", disse. Ele começou a lamber a calcinha e descobriu que se desmanchava com a saliva e tinha gosto de chocolate. Já estava úmida com os fluidos dela, e, quanto mais lambia, mais se excitava, e o sabor o chamava a continuar lambendo. Quanto mais a peça se desmanchava, mais perto de sua boca ficavam a vulva e o clitóris, que estavam impregnados desse forte e delicioso sabor de chocolate, uma sobremesa que o manteria ocupado talvez por mais

BRINQUEDOS ERÓTICOS

tempo que o jantar inteiro, enquanto ela sentia prazer sendo o melhor prato afrodisíaco da noite.

PLUMAS, MEIAS E COMPLEMENTOS

A revolução da lingerie condenou ao ostracismo algumas peças de alto conteúdo sexual que não estão mais em uso, são consideradas antigas ou perderam certo atrativo sensual. É o caso das cintas-ligas e meias. Mas, embora as ligas tenham sido abandonadas pela moda para uso como roupa do dia a dia, elas conservam seu potente apelo erótico na intimidade. As meias, que também perderam força sensual diante do impulso avassalador de sutiãs e calcinhas de design, recuperaram seu lugar no jogo da sedução com modelos como a meia arrastão ou de malha, que deixam descobertas as nádegas e a virilha. Ocorre o mesmo com as meias de silicone, presas às pernas como se tivessem ligas e que permitem manter uma relação sexual completa sem precisar tirá-las. O estilo ingênuo também tem seu espaço, como as meias curtas com renda e laço rosa no calcanhar, ou as tipo arrastão, também com um laço atrás.

Existe um tipo de travesseiro individual suave, macio, mas com algo mais... Tem um zíper que permite abri-lo e usar seu interior como saco para guardar preservativos, potes de lubrificantes, vibradores e outros brinquedos eróticos, para tê-los sempre à mão. Apesar de sua carga, são macios e aveludados.

ROUPA ÍNTIMA E FANTASIA

Entre os complementos clássicos, a pluma não pode faltar. Sua suavidade desencadeia sensações e fantasias eróticas fortes, apesar de suas carícias leves. Vão desde pequenas plumas coloridas de toque imperceptível, que podem percorrer o corpo todo, até estolas de pluma de avestruz para usar em um espetáculo erótico íntimo: striptease feminino ou masculino. Há ainda espanadores, também de plumas de avestruz tingidas de diversas cores, para deslizar pelas costas, virilha ou outras zonas erógenas que respondem ao estímulo com descargas de prazer.

Exclusivos para mulheres, existem os tapa-mamilos, um complemento muito sedutor elaborado com materiais adesivos hipoalergênicos. Podem ser usados tanto na intimidade quanto em

BRINQUEDOS ERÓTICOS

público; neste último caso, são recomendáveis para aquelas mais audaciosas que os deixam aparecer por sobre o decote ou através de uma peça transparente. As formas delatam seu caráter lúdico: corações, borboletas, estrelas, alguns com texturas e outros brilhantes, dourados ou prateados.

Não menos surpreendente é a bijuteria íntima. Há pingentes para decorar os lábios da vulva, presos dentro da vagina por um fio de metal rígido ou aros ajustáveis, dos quais pendem borboletas para enfeitar o clitóris ou os grandes e pequenos lábios.

FANTASIAS

As fantasias transitam, geralmente, por dois mundos intangíveis: a imaginação e o ciberespaço. A mente as cria e muitas vezes a internet ajuda a desenvolvê-las no anonimato que a comunicação na rede permite. Mas, por mais reais que pareçam, nunca deixam de ser fantasias; cada pessoa cria um universo de ficção e se reserva o papel de destaque que mais lhe agrada. Contudo, as fantasias também têm uma representação real: o jogo de papéis,

Existe um elemento simples que dá muito jogo: um poste de dança cromado portátil, que não precisa ser fixado no teto. É possível adquirir o kit e montá-lo em casa. É ideal para colocar no quarto ou na sala e fazer um striptease muito sensual. O poste tem um mecanismo extensível que o prolonga até 2,5 m e um guia de coreografias para criar um espetáculo erótico particular.

ou *role-playings*, na intimidade. Nesse mundo sexual particular, em que as regras são impostas pelos amantes, tudo é possível: adotar o papel de outras pessoas, de animais, de personagens históricos. Para essas interpretações pode-se arranjar todo tipo de fantasia, desde os clássicos para elas, como enfermeira, Chapeuzinho Vermelho, gueixa, estudante, camareira, executiva agressiva, coelhinha, aeromoça, diabinha e muito mais, até os clássicos de sempre para eles, como policial, bombeiro, Tarzã, marinheiro, jogador de futebol, entre vários outros.

Aquelas que se distinguem por um uniforme, uma peça ou um complemento singular são mais fáceis e mais evidentes. Posto que a fantasia é produto da imaginação, às vezes só é necessário um detalhe que oriente e dispare o desejo: uma capa vermelha, um chapéu de marinheiro, umas orelhas felpudas de coelho, uma saia pregueada ou um capacete de bombeiro.

O jogo sexual, para ser mais satisfatório, deve ser recíproco. Ou seja, ambos os amantes representam papéis complementares que potencializam e tornam mais real a fantasia: a professora e o aluno; o bombeiro e a resgatada;

a coelhinha e seu admirador; a aeromoça e o passageiro. Esses jogos, que admitem mais de duas pessoas, costumam ter suas motivações em desejos não realizados, cenas que causaram impacto ou vivências da infância. A origem não é determinante, basta que gere desejo e que este vá crescendo enquanto cada amante representa seu papel na cena montada. O objetivo é o prazer, e todos os meios são válidos quando os amantes estão de acordo, seja liberando tensões reprimidas, resgatando sentimentos paternais ou deixando aflorar seduções tabus. Talvez o mais excitante seja justamente essa possibilidade de chegar ao proibido por meio da vestimenta de um personagem, sob a pele fictícia do protagonista da fantasia mais desejada.

> **Um detalhe** especial, tanto para ele quanto para ela: uma roupa íntima, ou até mesmo a nudez, acompanhada de uma boina de veludo, por exemplo, com uma estampa de leopardo de diversas cores, ou um lenço, ou uma faixa que cubra a cabeça como um pirata, podem ser um complemento eficaz para inspirar fantasias e abrir a porta do desejo.

Ele sempre teve a fantasia de ser Hugh Hefner, o famoso dono da revista *Playboy*: cercar-se de dezenas de coelhinhas de corpos esculturais. Essa tarde, ao voltar da empresa, ia entrar em um jogo sem saber. Ele chegou em casa com calor, as mangas da camisa enroladas e os primeiros botões abertos, deixando entrever os pelos de seu peito. Sabia que sua companheira estaria em casa: era seu dia de folga. Porém, chamou-a em voz alta duas vezes e ela não respondeu. Subiu a escada em direção ao quarto. Queria tomar um banho para se refrescar. Mas aquela mornidão do ambiente não era nada má. Antes de tomar banho, recostou-se na cama; sentia um formigamento excitante no corpo, como se o silêncio do quarto fosse presságio de alguma coisa. Ouviu um barulho, levantou a cabeça do travesseiro e a viu apoiada na porta com um grande sorriso.

Por um instante não soube se era um sonho. Saltos altos, shorts justos que apertavam suas nádegas até fazê-las transbordar, um top decotado que levantava seus seios e orelhas felpudas de coelhinha que coroavam sua cabeça. Enquanto ele sorria, ela disse com voz profunda e sugestiva: "Hello, Pernalonga". E andou até a cama exagerando os movimentos provocativos dos quadris. Ele não podia acreditar. Ela assumiu o comando, ficou de quatro e balançou os quadris provocando-o; em seguida, puxou-o com uma mão e beijou-o com paixão, enquanto com a outra acariciava seu peito. A surpresa deu lugar à paixão. Seu companheiro, fascinado, saiu do assombro e mergulhou de cabeça naquele momento que tornava sua fantasia realidade. Enquanto ela tirava a camisa dele, ele acariciava as orelhas aveludadas,

que lhe causavam uma sensação especial. Mas logo passou à ação: um arroubo de excitação exigia que acariciasse as nádegas dela e beijasse seus seios por sobre o top. Estava fora de controle. E enquanto lambia a vulva de sua coelhinha por cima do tecido justo dos shorts, levantou os olhos para ver sua companheira chupando uma cenoura com sua melhor cara de prazer perverso.

ROUPA ÍNTIMA E FANTASIA

DÚVIDAS MAIS FREQUENTES

Tenho medo que a rotina tome conta de nossa vida sexual. Se eu comprar uma camisolinha curta ou um conjunto sexy conseguirei vencê-la?

Roupa íntima sexy e divertida, cintas-ligas e brinquedos eróticos em geral são bons aliados para incorporar o jogo, o riso e a diversão nas práticas sexuais, desde que seu uso seja acompanhado de uma atitude dinâmica em todos os aspectos do casal. A sexualidade não é um compartimento separado que se abre e se fecha quando se quer; ele se alimenta de todos os atos, palavras e atitudes que constituem o mundo de um casal.

Gostaria de fazer um striptease para minha amante, mas cada vez que tento sinto tanta vergonha que deixo para lá. Existe alguma técnica para conseguir vencer essa barreira?

Um procedimento que pode facilitar o caminho para a confiança é comprar uma roupa com a qual se sinta bem, vesti-la e fazer um striptease para si mesmo na frente do espelho. Diminua um pouco as luzes, ponha uma música de fundo que seja sensual e comece a usufruir do momento com sua própria imagem. A vergonha e o medo do ridículo não têm cabimento quando se trata de seduzir. Quando conseguir, você estará preparado para que ela o veja e aproveite.

Compro lingerie sexy, mas nunca me atrevo a usá-la. Tenho medo de que ele ache que sou exibicionista.

Muitas pessoas têm dificuldades e problemas na hora de brincar de olhar ou de ser olhado pelo amante na intimidade. Porém, na vida cotidiana esse jogo se repete diariamente sem que ninguém se sinta culpado nem se iniba. Ter prazer olhando ou se mostrando é uma das tantas possibilidades eróticas que podem ser incorporadas à prática sexual para enriquecê-la.

Meu amante insinuou que gostaria de se disfarçar de mulher. Devo tomar isso como uma tendência dele à homossexualidade?

Com certeza é um comportamento transgressor que alimenta seu apetite sexual. A fantasia provocada por ultrapassar uma barreira considerada proibida impulsiona o desejo. E, evidentemente, na intimidade, disfarçar-se de mulher para interpretar um jogo de papéis invertidos deve ser uma fantasia que aumenta sua libido ao máximo, e não há razão para ter nenhuma outra conotação.

BRINQUEDOS SADOMASOQUISTAS

As práticas de sexo agressivo, em que se vincula dor a prazer, são muito antigas. Porém, o rótulo que as identifica é mais recente, e tem apenas pouco mais de dois séculos. Donatien Alphonse François, marquês de Sade, escritor francês do final do século XVIII, dedicou grande parte de sua obra a relatar encontros sexuais, alguns autobiográficos, nos quais obtinha prazer com o sofrimento e a dor que infligia aos outros. Sua transgressão abalou tanto a sociedade que ele se tornou um clássico da literatura proibida. Algo similar ocorreu com Leopold von Sacher-Masoch, quase um século depois. Foi autor de livros em que descrevia o prazer que sentia quando era castigado por uma mulher. Sua obra mais famosa, *A Vênus das peles,* causou escândalo na França do final do século XIX. Dessas duas personalidades surge a palavra composta "sadomasoquismo", identificada também pela sigla SM. Atualmente, todas as práticas que combinam prazer e sofrimento estão englobadas no acrônimo BDSM (*bondage,* dominação e submissão, sadismo e masoquismo).

A tentação de experimentá-las e uma menor pressão moral em relação à sexualidade permitiram trazer ao século XXI essas práticas, suavizando-as até transformá-las em jogos eróticos nos quais cada membro do casal desempenha o papel que lhe dá maior prazer. Na maioria dos casos, trata-se de práticas controladas que não oferecem riscos e têm os limites muito claramente definidos. Coincidindo com essa abertura, multiplicaram-se os brinquedos sexuais que permitem adentrar o sadomasoquismo sem medo, com a vantagem de explorar ao máximo o potencial sensual que cada um guarda dentro de si, sem inibições e com todos esses objetos à disposição.

ALGEMAS E TORNOZELEIRAS

Imobilizar é um dos jogos mais frequentes, que permite brincar com a indefensabilidade do outro, com a representação de uma dominação autoritária que transmite uma evidente sensação de poder. Alguns brinquedos contribuem para isso. As algemas, por exemplo, são muito eficazes para imobilizar as mãos em qualquer posição, e existem modelos tão diferentes quanto as intenções. Há as clássicas de metal, similares às que se veem nos filmes policiais. São frias, transmitem dureza, submissão e certa sensação de insegurança por limitar os movimentos. Para recriar outras fantasias ou outras estéticas existem braceletes largos de couro ligados por uma corrente, similares aos grilhões utilizados nas prisões antigas ou àqueles usados com os escravos no século XVIII.

Para tendências mais light existem algemas forradas de pelúcia de diversas cores, que, embora imobilizem como as outras, deslizam sobre a pele com suavidade e não provocam escoriações nem deixam marcas. Adentrando ainda mais essa linha de suaves e doces castigos de imobilização, as algemas japonesas feitas de cordão de seda, amarradas convenientemente, escorregam pela pele como se fossem pétalas de flor. A propósito, também valem para protagonizar cenas apropriadas, em que o toque oriental seja indispensável. Uma gueixa, um samurai...

Também é possível imobilizar os pés com tornozeleiras, maiores que as utilizadas nos punhos. Os modelos são muito similares, inclusive as japonesas de cordão de seda, mas seu uso propicia uma fantasia extra. As pernas presas pelos tornozelos, além de estarem imobilizadas, não podem ser abertas e fechadas à vontade, um ato reflexo nos homens e mais ainda nas mulheres quando estão excitadas.

Uma variação curiosa e extremamente erótica das algemas são os imo-

As algemas forradas de pelúcia de diversas cores deslizam sobre a pele com suavidade e não provocam escoriações nem deixam marcas.

bilizadores de portas. O kit é formado por braceletes individuais de tecido com fecho de velcro, uma fita e um contrapeso de metal. Um dos amantes encosta na porta, apoiando o peito ou as costas, com as mãos levantadas; a fita com a trava metálica é passada por cima da porta e esta é fechada. Ela ou ele ficam de frente ou de costas, expostos ao que seu companheiro sexual quiser fazer. De costas, a impossibilidade de ver os movimentos do outro pode aumentar a excitação perante o desconhecido.

> Ele abriu a porta do quarto na penumbra e ficou escondido atrás da porta. Ela entrou e, assim que cruzou o quarto, sentiu uma forte chicotada nas nádegas. Virou-se surpresa e o viu, vestindo apenas uma tanga e uma máscara. Era seu amo desconhecido. Ele a obrigou a se ajoelhar no chão e a tirar a roupa nessa incômoda posição. Recordou-lhe as regras: devia cumprir todas as suas ordens ou seria castigada. Ela respondeu submissa: "Sim, senhor", enquanto sentia a primeira descarga de excitação que se espalhava por todo seu corpo e lhe prometia prazeres inéditos. Quando ficou só de tanguinha preta, meias e sapatos de salto alto, ele ordenou que parasse, ficasse de quatro

e se esfregasse em suas pernas, como uma gata manhosa. Ele aproveitou para segurá-la pelo cabelo e levantar sua cabeça. Sentir-se dominada aumentava sua paixão e a fazia desejá-lo mais.

Mas não podia tocá-lo, esse era o acordo. Ordenou-lhe que se levantasse e pusesse as mãos para trás; ela obedeceu e ele imobilizou suas mãos atrás das costas com algemas de suave pelúcia. Em pé, suportou que ele descesse por todo seu corpo lambendo-a desde o umbigo até as pernas, sem poder demonstrar nenhuma emoção. Não podia nem gemer, porque, se o fizesse, seria castigada. Ele amarrou suas pernas com duas tornozeleiras que não lhe permitiam nem sequer dar passos curtos. "Agora vá até a cama", ordenou ele. E ela, com medo de torcer o pé ou cair, começou a dar curtos saltos com os pés juntos; de repente escorregou, caiu de joelhos e gritou um "ai" de queixa, que ele reprimiu com um grito seco: "Não torne a falar enquanto eu não mandar". Não a ajudou a se levantar. Disse que, se caísse de novo, seria casti-

BRINQUEDOS SADOMASOQUISTAS

gada, enquanto passava pela frente dela, firme, mas sedutor. Sua tanga delatava sua ereção e ela não conseguia tirar os olhos dele, apesar da dor nos joelhos. Impulsionou-se para cima e com esforço ficou em pé. Outra vez iniciou os pulinhos em direção à cama. Finalmente chegou e se jogou de bruços, para cair sobre algo macio. Ele não lhe deu descanso. Fez que se sentasse na beira da cama. "Quer comer, não é, cadela?", perguntou ele aproximando o pênis de seu rosto. Mas quando ela ia chupá-lo, puxou sua cabeça para trás. "Não é tão fácil", disse. Ela sentia que não podia mais conter a excitação, sua respiração agitada inundava o quarto. Ele afrouxou a pressão e deixou que ela aproximasse a cabeça de seu pênis, enquanto dizia: "Você se comportou bem, vai ter seu prêmio inicial". Ela começou a lamber a tanga do amante enquanto sua vulva se umedecia ainda mais pensando no prazer que a esperava...

MÁSCARAS

O mistério também excita. A imagem do oculto é um alimento para a imaginação. O brinquedo mais comum para associar a excitação ao desconhecido

> O brinquedo mais comum para associar a excitação ao desconhecido é a máscara.

é a máscara. Ela esconde a identidade ou a associa a um personagem, a uma situação, evoca seres imaginários, provoca medo, ansiedade... É como um convite para o lado obscuro. Para esses jogos existem máscaras simples de pano, forradas com algodão para ficar mais confortáveis: cobrem apenas os olhos e parte do nariz. Entre as variedades, os modelos diferenciam-se não só pela forma e pelo tamanho, mas também pelo material com que são fabricados. Cada máscara se associa a uma simbologia diferente. As de plumas coloridas são lúdicas, as venezianas guardam um encanto perverso, as de couro preto são usadas como elementos imprescindíveis de amas e amos nas relações de dominação.

Outras máscaras têm um destino diferente: não possuem aberturas para os olhos, são para ocultá-los e brincar às cegas. Muitos kits são

BRINQUEDOS SADOMASOQUISTAS

vendidos combinando com os materiais e as cores das algemas.

As máscaras de rosto inteiro têm mais alcance que as de olhos apenas: existem as clássicas venezianas, herdeiras do carnaval, que brincam com o desconhecido, o prazer excitante que surge de tudo aquilo que não é previsível. Mas outras máscaras pretendem dar medo, e conseguem. Há modelos de couro que copiam as dos carrascos, com um toque de design na fabricação, mas com o indubitável medo que sua forma simbólica transmite. Também há umas de látex que se adaptam perfeitamente ao rosto e à cabeça, cobrindo-os: têm buracos para os olhos, o nariz e a boca. São similares à utilizada pelo personagem Homem-Aranha, mas absolutamente pretas. Outros modelos assustadores são pequenas máscaras que, ao contrário das outras citadas, não ocultam a identidade de quem as usa, mas deixam um desassossego no corpo que eleva a paixão, por conta das descargas de adrenalina que provocam. São de látex preto, ajustam-se à boca e à mandíbula com duas tiras laterais que se fecham na nuca e uma tira que passa por cima da cabeça e se encontra com as outras duas.

Menos agressiva, mas voltada aos jogos de dominação (*coitus à cheval*), é uma máscara para submissos, de couro, que representa a cara de um cavalo. Tem um penacho de pelo na parte superior, como se fosse a crina, e por baixo da grande máscara que cobre o rosto há um correia que imita o freio, para colocar entre os dentes, e duas rédeas que saem dos lados do pescoço, para trás, para que um dos dois controle a situação.

MORDAÇAS E AMARRAS

Não deixar o companheiro falar durante as relações de dominação é uma prática habitual; não poder emitir nenhum som, nem uma queixa, nem um gemido pode ser um doce sofrimento sexualmente motivador. Há acessórios muito divertidos e úteis nos sex shops para esses casos. Desde mordaças similares a lenços, mas de tamanho e estilo adequados para não escorregar pela pele, até mordaças tipo chupeta. Estas trazem bolas macias de silicone, de aproximadamente 5 cm de diâmetro, que se introduzem na boca. Vêm coladas a uma tira de couro ou silicone para prender, que se fecha atrás da cabeça.

Não deixar o companheiro falar durante as relações de dominação é uma prática habitual.

BRINQUEDOS SADOMASOQUISTAS

As mordaças costumam ser complementos eficazes para uma sessão de *bondage,* essa antiga técnica oriental que consiste basicamente em amarrar o amante, de maneira parcial ou total, para que sinta prazer, mas também para ter prazer vendo-o imobilizado. Ou melhor, para que o casal desfrute seus diversos papéis durante o jogo. A verdade é que o elemento principal, desde a primitiva história do *bondage* no Japão, sempre foram as cordas, além de certa imaginação para a criação de amarras que imobilizam o amante submisso em diversas posições. Para o *bondage* mais rígido em geral utilizam-se, entre outros materiais, cordas grossas de cânhamo ou correntes. Uma versão mais light contempla o uso de lenços de seda suave, como amarras simbólicas. Mas há outras possibilidades, como a corda japonesa de seda, que desliza pela pele de forma tão sugestiva que seu toque dá arrepios. Também dá para mudar o clima para uma estética mais SM, com rolos de até 20 m de faixa de látex. Essa faixa, de uns 8 cm de largura, permite fazer todo tipo de combinação: desde as amarras enlaçando pés e mãos até envolvimentos completos do corpo, do pescoço aos pés, como se o submisso fosse uma múmia viva enfaixada com cores brilhantes.

UMA ESTÉTICA ESPECIAL

Couro e látex são os dois materiais relacionados às vestimentas extremas, provocativas e excitantes utilizadas em práticas sadomasoquistas. E existe uma preferência de cor: o preto, embora também se usem peças, conjuntos ou complementos de outras cores. São tão variadas as possibilidades que essa moda específica permite escolher o estilo mais adequado para o caráter de cada pessoa e para a prática que se tem em mente. Para elas, existem minissaias justas com aberturas nas laterais ou minivestidos muito justos que marcam voluptuosamente as curvas. Igualmente justos no corpo, nas lojas especializadas encontram-se corseletes de dominatrix com cinta-liga incluída, para usar com meias. Nesse caso, existem também imponentes meias pretas de látex e luvas

Uma interpre-tação sadomasoquista bastante frequente de um jogo de representação é o castigo com régua. Atualmente, é possível encontrar nos sex shops réguas de madeira de cerca de 30 cm. Essa velha prática, por sorte abolida das escolas como medida disciplinar há muitas décadas, pode ser recriada assim, de forma lúdica. Pancadas nos dedos do "menino malvado", com a intensidade combinada pelos amantes, ou nas nádegas da "menina travessa" colocarão pimenta na brincadeira.

> **A intensidade** dos jogos sadomasoquistas é estabelecida com um acordo prévio entre os amantes. Uma vez que o limite entre a excitação e o desagrado em alguns casos é muito tênue, convém não ultrapassá-lo. Para aqueles amantes que pretendem dar maior liberdade e intensidade à atuação, é aconselhável combinar uma palavra-chave para ser pronunciada pelo castigado quando a dor superar a barreira do prazer e se transformar em sofrimento. É o alarme para que o amante pare o jogo ou reduza a intensidade.

até o cotovelo, do mesmo material, que completam o vestuário sugestivo de uma dominatrix. Muito mais realistas são os *bodies* de pele artificial que deixam os seios, as nádegas e os genitais de fora, com uma estética mais agressiva, e combinam correias unidas por argolas e tachinhas. Nessa linha, também podemos encontrar modelos com calcinha e sutiã unidos à estrutura do *body* por colchetes que permitem soltá-los facilmente com um puxão. Uma variação é um conjunto de duas peças com calcinha de tiras que se ajustam à cintura e sutiãs do mesmo estilo que fecham no pescoço.

Para eles, as peças são similares. Há cuecas e tangas de látex com aberturas para deixar o pênis e os testículos à mostra. Também existe uma variedade enorme de camisetas de látex curtas, sem mangas, de gola alta. E diversos modelos de *body* para que a nudez fique apenas dissimulada pelas tiras de couro que se ajustam às pernas por meio de anéis e tachas metálicas, que acabam presas no pescoço.

Um terceiro material se soma aos dois tradicionais, e muitas peças para homens e mulheres, absolutamente provocativas na linha estética sadomasoquista, são confeccionadas com ele. É o *lack,* uma mistura em partes iguais de poliamida e poliuretano, que lhe dá o aspecto brilhante e suave do plástico com a elasticidade de um tecido.

COMPLEMENTOS SENSUAIS

Os jogos sadomasoquistas, embora light, não são apenas uma representação com vestuário adequado e atuações. Há outros protagonistas: os complementos que transmitem estímulos só de ver. Com eles é possível proporcionar essas sensações intensas que gerarão o prazer esperado.

Os chicotes de couro ou de tecido são um clássico, mas também reservam surpresas. O desenvolvimento constante da indústria do sexo permitiu que os novos brinquedos se centrassem no aspecto lúdico, e não só na dor que podem proporcionar. Com essa ideia foram elaborados novos designs. Aos chicotes com cabo de madeira ou metal e sete ou nove tiras de couro, de aproximadamente meio metro, somam-se alguns mais sofisticados: um deles tem como cabo um pênis, para castigar a amante e fazê-la desejar uma felação

As chibatas com vibração transmitem as ondulações de um comando na empunhadura à vara, para alternar o castigo com suaves massagens vibratórias.

simulada, ou também para jogos solitários de masoquismo. Outros chicotes são decorados com pérolas e pintados de dourado ou prateado como uma demonstração de poder e sofisticação para impressionar o escravo. O design das chibatas também evoluiu. Existem de couro e de plástico. Uma das últimas novidades são as chibatas com vibração. Têm o mesmo design: um cabo, uma vara de mais de meio metro e uma pequena superfície para açoitar o amante. Porém, a empunhadura se transformou em um comando com um motor vibratório que transmite as ondulações por toda a chibata, de modo que é possível alternar o castigo com excitantes vibrações em qualquer parte do corpo.

As palmatórias de couro são outra variação sofisticada para provocar o efeito de castigo desejado nas nádegas de sua escrava. O efeito sonoro é muito maior que a dor que provocam e têm desenhos ou palavras gravadas em relevo. Depois de bater repetidas vezes nos glúteos, é possível ver na pele avermelhada o desenho de um coração, ou ler a palavra *love,* entre outras possibilidades.

Ele era chefe dela. Ela trabalhava sob seu doce encanto durante o dia todo, mas à noite, fora do escritório, a história mudava. Tudo estava em silêncio. De repente, começou a ouvir os estalos do chicote ecoando no corredor. Cada golpe soava mais perto. Era sua ama que se aproximava. Ele não gostava de ficar nu, exposto, sentado na cadeira de frente para a porta, como se fosse uma cela de castigo e estivesse esperando que lhe aplicassem um severo corretivo. Sentia-se indefeso. Porém, a situação o dominava. Os sentimentos eram contraditórios; não gostava da situação, mas, ao mesmo tempo, era um ímã que o atraía e o excitava. Ela abriu a porta de repente e apareceu diante dele como o pesadelo desejado. Estava imponente com o corpo coberto por um macacão preto de látex que mostrava os seios acima do decote. Na mão direita, uma munhequeira de couro e o chicote. Ele nunca sabia o que ia acontecer em cada encontro. Ela o olhava sabendo que, durante as próximas horas, aquele corpo e aquela mente seriam dela e poderia fazer o que quisesse com eles. Amordaçou-o; o silêncio era parte do jogo. Estalou o chicote com um golpe seco e com os olhos ordenou que ele se levantasse; em seguida, ordenou que se virasse, e a ponta do chicote foi percorrendo suas costas, da nuca até as nádegas, como se fosse uma carícia enganosa: acabou açoitando-o nos glúteos e coxas. Ele tremia a cada golpe, que ardia. E a irritação que provocava em sua pele se transferia para sua ereção.

Cada vez sentia-se mais estimulado: esperava as chicotadas com ansiedade. Sua mente ficava vazia a cada estalo: só tinha olhos para aquele chicote que simbolizava sua satisfação. Ela disse que se sentasse e envolveu seu pênis com o chicote como se fosse sua língua. O medo e a excitação se confundiam em seu rosto. Indefeso, sentia o desejo crescer, enquanto temia que seu membro fosse castigado. Ela se aproxi-

BRINQUEDOS ERÓTICOS

mou até que seus seios ficaram a dois centímetros da boca de seu amante. Quando sentiu a mão dele em seu mamilo, deu-lhe uma chicotada nas costas: cada carícia dele era uma chicotada dela. Ele tremia a cada golpe, até que parou de tocá-la. Sua pele já estava vermelha, mas ela havia reservado outras surpresas...

PINÇAS PARA MAMILOS

Uma zona erógena tão delicada como os mamilos tem todas as possibilidades de proporcionar sensações intensas se for estimulada com precisão. Com essa intenção, usam-se pinças de plástico ou metal que, ao serem apertadas moderadamente, provocam uma excitação permanente. Também existem umas serrilhadas e com pressão regulável de acordo com o momento e a intensidade do jogo sexual. Antes de colocar as pinças, convém estimular o mamilo com a língua ou com os dedos para que endureça.

Entre a grande variedade de modelos que existe atualmente, os mais tradicionais são aqueles unidos por correntes e outros que possuem anéis com bolas pendentes, que, em alguns casos, chegam a pesar até 200 g.

Quando se brinca de imobilizar o amante, com tornozeleiras ou algemas, por exemplo, é importante considerar o tempo do jogo. Não é muito aconselhável deixar essas amarras colocadas além de meia hora, porque podem produzir escoriações, hematomas ou algo mais grave: cortar o fluxo sanguíneo.

Com o mesmo efeito utilizam-se protetores para mamilo: são metálicos e de formas diversas, como corações, teia de aranha etc. São colocados em volta do mamilo e fechados sob pressão, para comprimi-lo. Existem de diversos diâmetros, entre 1,5 cm e 3 cm. O uso de um muito estreito para um mamilo grande, embora inicialmente faça sentir uma pressão agradável, pode acabar provocando uma ferida, por apertar muito a área.

ACESSÓRIOS ERÓTICOS

Em épocas medievais, o chamado potro era uma desagradável mesa de tortura oculta nas masmorras dos castelos, onde os inimigos do senhor nobre eram submetidos aos mais cruéis castigos. Hoje, porém, tornou-se um local de prazer, a melhor resposta para a violência. Os potros modernos são acessórios eróticos projetados para realizar os mais diversos jogos sexuais sobre eles, com uma cota de "crueldade" calculada e "sujeição" prazerosa.

É possível encomendar potros ergonômicos, cujo aspecto é similar ao de um cavalo para saltos de ginástica olímpica.

Têm aproximadamente 1,5 m de altura e sobre sua superfície, em geral, encontra-se uma alça metálica em forma de T para poder se segurar e adotar sobre ele a posição mais interessante. É possível, também, imobilizar o amante na posição desejada mediante amarras ou algemas presas à alça. Da mesma forma, é possível incorporar estribos que pendam dos dois lados do potro e montá-lo. Para esses jogos, os estribos trazem *cock rings*, um suporte para posicionar os dildos e cavalgar neles, enquanto o amante açoita com um chicote ou uma chibata. É muito fácil fazê-lo passar despercebido, porque sem os acessórios é como um aparelho de ginástica. Na parte de baixo, tem uma gaveta secreta para guardar os brinquedos eróticos que serão utilizados em cada sessão de "doce tortura".

Nessa mesma linha de acessórios lúdicos, o balanço foi projetado especialmente para se manter relações sexuais pouco convencionais. Embora seja necessário um quarto ou um espaço amplo para montá-lo, não ocupa muito espaço quando desmontado. Tem também correias ajustáveis para ser amarrado ou poder adotar posições que, de outra maneira, seria muito difícil conseguir.

O balanço foi projetado especialmente para se manter relações sexuais pouco convencionais.

DÚVIDAS MAIS FREQUENTES

Meu parceiro só sente prazer quando eu o faço sangrar, arranhando-o. Isso significa que se excita ao ver sangue?
Sentir prazer arranhando o outro até sangrar ou gostar de ser arranhado é uma possibilidade reconhecida dentro das práticas sadomasoquistas. Geralmente, o que excita no sangue é o conteúdo simbólico, além da dor que a ferida pode causar. De todo modo, qualquer prática, seja sadomasoquista ou não, deve ser controlada quando se transforma em obsessão.

Existe alguma técnica especial para bater com o chicote a fim de garantir que não machuque meu amante?
O chicote, por causa de sua cauda longa e flexível, não é fácil de dominar. É preciso praticar açoitando cadeiras ou mesas para adquirir precisão e saber onde se bate. Aprender a se controlar é importante. Aquele que castiga pode pretender bater no glúteo, mas, se não controlar o chicote e a ponta deste acertar 15 cm mais abaixo, pode acabar machucando os genitais, com um efeito indesejado e pouco prazeroso.

Se eu quiser amarrar o corpo dela para uma imobilização total, existe alguma corda especial?
É conveniente utilizar uma amarra suave e contínua que facilite enfaixar o companheiro sexual sem provocar danos em sua pele. Recomendam-se as faixas de látex, de poliuretano ou as clássicas bandagens de algodão. Não convém usar amarras de metal ou cordas de náilon porque podem provocar feridas se forem apertadas além da conta, ou com o atrito do movimento.

BRINQUEDOS ERÓTICOS

Gostar de práticas sadomasoquistas é considerado uma perversão sexual?

É extremamente difícil traçar um limite entre o que é "normal" e o que se chama "perversão". Para as mentes mais limitadas, tudo aquilo que foge das práticas sexuais tradicionais pode ser considerado perverso. No entanto, não é verdade; muitas pessoas sentem prazer com um tipo de sexualidade que a outras pode parecer estranho, porque nelas é incomum. Tudo aquilo que acontece na intimidade entre dois adultos, se for consentido por ambos e prazeroso, é completamente legítimo.

Este livro foi composto em Kabel
para a Editora Academia de Inteligência
em julho de 2011